Leistungsbild und Honorierung

Nr. 17

# Leistungen für den bauordnungsrechtlichen Brandschutz

Stand: Dezember 2022

erarbeitet von der
AHO-Fachkommission „Brandschutz"

4., vollständig überarbeitete und erweiterte Auflage

Ausschuss der Verbände und Kammern
der Ingenieure und Architekten
für die Honorarordnung e.V.

Reguvis

Kooperationspartner des
Bundesanzeiger Verlages

Bibliografische Information der Deutschen Bibliothek
Die Deutsche Bibliothek verzeichnet diese Publikation in der Deutschen Nationalbibliografie; detaillierte bibliografische Daten sind im Internet über: http://dnb.ddb.de abrufbar.

Herausgeber: AHO e.V.
Tauentzienstraße 18
10789 Berlin
Telefon: (030) 31 01 917-0
Telefax: (030) 31 01 917-11
E-Mail: aho@aho.de

Redaktionelle Bearbeitung: AHO-Fachkommission „Brandschutz"

**Dieses Heft erscheint im Rahmen der AHO-Schriftenreihe. Alle Hefte der AHO-Schriftenreihe erscheinen als unverbindliche Praxishilfen zur Leistungsbeschreibung und Honorarkalkulation. Die Inhalte dienen der Orientierung und entfalten keinerlei rechtliche Bindungswirkung. Die geschuldeten Planungsleistungen und deren Honorierung bestimmen sich ausschließlich nach der vertraglichen Vereinbarung im Einzelfall.**

ISBN 987-3-8462-1477-0
4., vollständig überarbeitete und erweiterte Auflage Dezember 2022

## Mitglieder der AHO-Fachkommission „Brandschutz"

| | |
|---|---|
| Dipl.-Ing. Udo Kirchner,<br>Leiter der AHO-Fachkommission | Halfkann + Kirchner, Erkelenz |
| Dipl.-Ing. Karsten Foth | hhpberlin Ingenieurgesellschaft, Berlin |
| Dipl.-Ing. Thomas Herbert | Oehmke + Herbert, Nürnberg |
| RA Ronny Herholz | Geschäftsführer des AHO e.V., Berlin |
| Dipl.-Ing. Reinhard Jahn | Sachverständigenbüro Jahn, Brombachtal |
| Dipl.-Ing. Arch. Lilly Kunz-Wedler | LWKonzept, Stuttgart |
| Dipl.-Ing. Marco Schmöller | IBB Schmöller Brandschutz, Leipzig |
| Dipl.-Ing. Arch. Matthias Thiemann | hhpberlin Prüfgesellschaft, Berlin |

# Allgemeines Vorwort zur AHO-Schriftenreihe

Eine für Auftraggeber und Auftragnehmer transparente und nachvollziehbare Honorarermittlung gibt Orientierung im Vergabeprozess, unterstützt die vertragliche Vereinbarung im Einzelfall und hilft damit nicht zuletzt, zeitaufwendige und kostenträchtige Streitfälle zu vermeiden. Honorare sollten daher systematisiert, nachvollziehbar und möglichst einheitlich ermittelt werden.

Nach dem Wegfall der verbindlichen Mindest- und Höchstsätze infolge eines Urteils des Europäischen Gerichtshofes regelt die Honorarordnung für Architekten und Ingenieure (HOAI 2021) auch künftig die Maßstäbe und Grundlagen für die Berechnung von Honoraren für die von der HOAI erfassten Leistungen und bietet weiterhin einen verlässlichen Orientierungsrahmen zur Kalkulation angemessener Honorare im Einzelfall.

Die Bedeutung der vertraglichen Vereinbarung über die zu erbringenden Planungsleistungen und deren Honorierung wird mit der ab 1.1.2021 geltenden HOAI 2021 weiter zunehmen, denn die bisherigen Regelungen zu den verbindlichen Mindest- und Höchstsätzen werden durch den Grundsatz ersetzt, dass sich das Honorar nach der Vereinbarung der Parteien richtet.

Diese Honorarvereinbarung muss nicht – wie bisher – schriftlich zum Zeitpunkt der Auftragserteilung geschlossen werden, um wirksam zu sein. Künftig ist es ausreichend, wenn diese Vereinbarung in Textform (z.B. per E-Mail) erfolgt. Sofern die Parteien keine Vereinbarung in Textform geschlossen haben, gilt der „Basishonorarsatz" als vereinbart, der anstelle des bisherigen Mindestsatzes eingeführt wurde und diesem entspricht. Diese Regelung übernimmt damit die Wertung des § 7 Abs. 5 HOAI 2013, ist aber im Gegensatz zu dieser als widerlegliche Vermutung ausgestaltet. Entsprechend einer Forderung des Berufsstandes der Architekten- und Ingenieure wurden die Fachplanungsleistungen der Anlage 1 Bauphysik, Geotechnik, Ingenieurvermessung sowie Umweltverträglichkeitsstudie den Grundleistungen der HOAI gleichgestellt. Das bedeutet, dass für diese Leistungen alle Allgemeinen Vorschriften (Teil 1 HOAI) uneingeschränkt anwendbar sind, beispielsweise die Vorschriften zur Honorarermittlung, aber auch die Regelung in § 7 Abs. 1 HOAI über die Anwendung des Basishonorarsatzes, sofern keine Vereinbarung über die Höhe der Vergütung getroffen wurde.

Aber auch für Besondere Leistungen sowie Planungsleistungen, die nicht in der HOAI geregelt sind, besteht ein großes praktisches Bedürfnis an Empfehlungen zur systematischen Honorarermittlung. Der AHO hat es sich mit seinen mehr als 24 Fachkommissionen und Arbeitskreisen zur Aufgabe gemacht, diese Lücke zu füllen. Seit 1987 werden die Beratungsergebnisse der mit Ingenieuren, Architekten und Stadtplanern interdisziplinär besetzten Arbeitsgremien in der „Grünen Schriftenreihe" veröffentlicht und erfreuen sich zunehmender Nachfrage, nicht zuletzt, weil die Spezialisierung der Planung angesichts zunehmender Komplexität stetig steigt.

Im Gegensatz zu den Grundleistungen gemäß § 3 Abs. 1 HOAI, die in den einzelnen Leistungsbildern abschließend erfasst und deren Bewertungen in die Honorartafeln der HOAI eingeflossen sind, werden Besondere Leistungen in der HOAI zwar beispielhaft aufgeführt, jedoch weder näher definiert noch bewertet. § 3 Abs. 2 HOAI enthält lediglich den Hinweis, dass die Aufzählung der Besonderen Leistungen in der HOAI nicht abschließend ist.

Dementsprechend beinhaltet die AHO-Schriftenreihe z.B. Leistungsbilder und Honorierungsempfehlungen für Leistungen des Brandschutzes, der Baulogistik oder der Verkehrsplanung.

Die Honorare für Besondere Leistungen können frei und formlos vereinbart werden. Besondere Leistungen können auch in anderen als den angeführten Leistungsbildern oder Leistungsphasen vereinbart werden, soweit sie dort keine Grundleistungen darstellen. In der AHO-Schriftenreihe werden Besondere Leistungen als Anwendungshilfe für Auftragnehmer und Auftraggeber in dem jeweiligen Einzelfall praxisnah beschrieben und regelmäßig aktualisiert. Diesen Leistungen werden, soweit dies möglich ist, unverbindliche Vorschläge zur Honorarkalkulation und Orientierung gegenübergestellt. Diese entfalten keinerlei rechtliche Bindungswirkung. Die geschuldeten Planungsleistungen und deren Honorierung bestimmen sich ausschließlich nach der vertraglichen Vereinbarung im Einzelfall.

# Vorwort[1]

Die aktuelle 4. Auflage des AHO-Heftes Nr. 17 markiert bereits im Titel „Leistungen für den bauordnungsrechtlichen Brandschutz" die insgesamt vorgenommene klare Definition von Schnittstellen zu benachbarten, aber hier nicht behandelten Planungsfeldern. Sie verwendet für die junge, aber zunehmend bedeutendere Planung des Brandschutzes die in der AHO-Schriftenreihe für nicht in der HOAI erfasste Leistungen einheitlich fortgeschriebene Systematik und differenziert den Begriff der Regelleistung gegenüber der Optionalen Leistung, wobei die Zuordnung in einzelne Leistungsphasen verbleibt.

Die Regelleistungen wurden aus den früheren Grundleistungen überführt und berücksichtigen nunmehr auch aktuelle Veränderungen wie die insbesondere aus den Einflüssen der Digitalisierung und infolge der Corona-Pandemie veränderten Planungsabläufe. Optionale Leistungen sind aus den früheren Besonderen Leistungen abgeleitet, aber klarer gefasst, um den jeweiligen Honorarvorschlag im Einzelfall zu erleichtern.

Für Regelleistungen bleibt es bei der Honorarermittlung unabhängig von anrechenbaren Kosten in der bewährten Form auf Basis von Flächenäquivalenten, die über Nutzungs- und Schwierigkeitsbeiwerte bestimmt werden. Dabei wird dem Bauen im Bestand, welcher im Brandschutz häufig die Kenntnis und Anwendung früherer Regelwerke und den Abgleich zu heutigen Randbedingungen und damit einen erheblichen Aufwand bedeutet, durch einen höheren Beiwert Rechnung getragen. Ebenso wird gleichsam als Inflationsausgleich ein zusätzlicher Faktor für die Honorarermittlung eingeführt.

Verschiedene Einzelthemen haben sich zu komplexen Spezialgebieten entwickelt, die naturgemäß nicht bei allen Projekten – und wenn dann in sehr differenzierter Form – auftreten. Daher können keine allgemeinen Honoraransätze gegeben werden. Nachwachsende Rohstoffe, komplexe Simulationsrechnungen oder zusätzliche Plandokumente etc. können als Stichworte genannt werden. Diese werden in einem Katalog von „Außergewöhnlichen Leistungen" erläutert, die erst zu einem späteren Planungszeitpunkt mit ihrem resultierenden Mehrwert bekannt werden und dann zu verhandeln sind.

Insgesamt wird dem geneigten Anwender für die sicherheitsrelevanten Belange des bauordnungsrechtlichen Brandschutzes mit dieser Neuauflage des AHO-Heftes Nr. 17 wieder eine klare Grundlage für die Honorarermittlung und Basis für die vertragliche Vereinbarung dieser Disziplin zur Verfügung gestellt.

Allen an der Bearbeitung Beteiligten sei herzlich gedankt.

Berlin, im Dezember 2022

Dipl.-Ing. Udo Kirchner

– Leiter der AHO-Fachkommission „Brandschutz" –

1 Aus Gründen der leichteren Lesbarkeit wird in dem vorliegenden AHO-Heft die gewohnte männliche Sprachform bei personenbezogenen Substantiven und Pronomen verwendet. Dies impliziert jedoch keine Benachteiligung des weiblichen Geschlechts, sondern soll der sprachlichen Vereinfachung halber als geschlechtsneutral zu verstehen sein.

# Inhaltsverzeichnis

# 1 Leistungsbild und Honorierung

Die Fachkommission Brandschutz des AHO hat die Leistungen für bauordnungsrechtlichen Brandschutz gegenüber der Fassung vom Juni 2015 an die aktuelle Struktur der AHO-Schriftenreihe angepasst und ein Leistungsbild und einen Honorarvorschlag für Regelleistungen und Optionale Leistungen bei Bauvorlagen für den im Bauordnungsrecht relevanten Brandschutz erarbeitet. Ausführliche Hinweise erfolgen auch zu Außergewöhnlichen Leistungen, die sich im Rahmen der dynamisch wachsenden Spezialdisziplin entwickelt haben und fallweise entstehen können. Für diese kann jedoch ein allgemeiner Honorarvorschlag nicht erbracht werden, zumal die Leistungen zumeist bei Auftragsbeginn noch nicht absehbar sind.

## 1.1 Anwendungsbereich

Bauordnungsrechtliche Leistungen für Brandschutz werden als Planungsleistung erbracht zur Festlegung der objekt- und nutzungsspezifischen Brandschutzanforderungen, deren Abstimmung mit den Genehmigungsbehörden sowie als Begleitung von Objekt- und Fachplanern in der Ausführungsplanung und Bauüberwachung. Sie beinhalten die nach den jeweiligen Landesbauordnungen geforderten Nachweise für den Brandschutz im Zuge des Baugenehmigungsverfahrens, nicht jedoch die Prüfung dieser Nachweise als Prüfingenieure oder Prüfsachverständige.

Die Tätigkeit erstreckt sich auf den vorbeugenden Brandschutz und lässt Grund- bzw. Regelleistungen anderer vorhandener Leistungsbilder unberührt (z.B. Planung des statisch-konstruktiven Brandschutzes, Nachweis der Feuerwiderstandsdauer der Bauteile nach Leistungsbild Tragwerksplanung HOAI Anlage 14 oder Planungen für Anlagen der Feuerlöschtechnik nach Leistungsbild Technische Ausrüstung HOAI Anlage 15). Die Planung der Barrierefreiheit ist Gegenstand anderer Leistungsbilder und daher in diesem Leistungsbild nicht erfasst.

Leistungen für bauordnungsrechtlichen Brandschutz werden insbesondere erbracht bei baulichen Anlagen besonderer Art oder Nutzung (Sonderbauten), bei Bestandsbauten oder im Falle von Abweichungen von der Bauordnung, welche nach BGH-Rechtsprechung zur HOAI nicht Bestandteil der Grundleistungen der dortigen Leistungsbilder sind.

## 1.2 Grundlagen des Honorars

1. Das Honorar für Regelleistungen für Brandschutz bestimmt sich in entsprechenden Kalkulationseinheiten nach der Bruttogrundfläche des Gebäudes bzw. dessen Teilflächen mit der jeweiligen Nutzung sowie Kriterien der Schwierigkeit für die Bearbeitung. Als Kalkulationseinheit ist mindestens die Teilfläche der Räume anzusetzen, die einen gemeinsamen ersten horizontalen Rettungsweg hat. Die Ermittlung ist jeweils für die einzelnen Kalkulationseinheiten vorzunehmen und aufzusummieren. Verkehrswege und Technikflächen innerhalb einer Kalkulationseinheit sind mit den Beiwerten dieser Kalkulationseinheit zu bewerten.

Für Verkehrswege, die verschiedene Kalkulationseinheiten erschließen, sind die Beiwerte **n = 1,0** und **s = 0,5** zu setzen. Bei Treppenräumen ist hierbei die Bruttogrundfläche in jedem Geschoss anzurechnen. Bilden Technikflächen eigene Kalkulationseinheiten, ist für diese eine separate Bewertung mit den entsprechenden Beiwerten vorzunehmen.

2. Als Bewertungsmerkmal für die Nutzung werden den einzelnen Kalkulationseinheiten des Gebäudes die Beiwerte **n** entsprechend der Tabelle zugeordnet. Sofern eine im Gebäude bzw. der Kalkulationseinheit vorherrschende Nutzung nicht in der Tabelle angegeben ist, ist der Beiwert durch Interpolation von Nutzungsbeiwerten zu ermitteln, die in brandschutztechnischer Hinsicht ähnlich zu bewerten sind.

### Tabelle: Nutzungsbeiwerte n

| **Nutzung** | **Beiwert n** |
|---|---|
| Garage | 0,7 |
| eingeschossiger Industriebau | 0,6 |
| Industriebau mit Ebenen | 0,8 |
| Technikfläche als Kalkulationseinheit | 1,0 |
| Wohnen | 1,0 |
| Messe und Ausstellung | 1,0 |
| Büro/Verwaltung | 1,0 |
| Sportstätte | 1,0 |
| Verkauf | 1,2 |
| Gaststätte | 1,4 |
| Beherbergungsstätte | 1,4 |
| Kindergarten, Schule, Hochschule | 1,5 |
| physikalisches Labor | 1,5 |
| Justizvollzugsanstalt | 1,6 |
| Krankenhaus, Pflegeheim | 1,8 |
| Abfertigungsgebäude von Verkehrsanlagen | 2,0 |
| Kraftwerk | 2,0 |
| Versammlungsstätte, Diskothek | 2,5 |
| chemisch-biologisches Labor | 3,0 |
| Funktionsbereiche im Krankenhaus | 3,0 |

3. Zur Berücksichtigung eines erhöhten Bearbeitungsaufwandes, der aus den besonderen Umständen des Projektes oder einer Teilfläche hiervon resultiert, werden ein Schwierigkeitsbeiwert Projekt $\mathbf{s_P}$ sowie ein Schwierigkeitsbeiwert Teilfläche $\mathbf{s_T}$ den nachfolgend genannten Kriterien zugeordnet. Sofern gleichzeitig mehrere derartige Kriterien vorliegen, sind die Beiwerte jeweils zu addieren. Der jeweils für die Kalkulationseinheit maßgebliche Schwierigkeitsbeiwert $\mathbf{s_i}$ ermittelt sich wie folgt:

$$\mathbf{s_i = (1{,}0 + \sum s_P)\,(1{,}0 + \sum s_T)}$$

**Tabelle: Projekt-Schwierigkeitsbeiwerte $s_P$**

| **Kriterium Schwierigkeiten für Projekt** | **Beiwert $s_P$** |
|---|---|
| mehr als eine Nutzung, je zusätzliche Nutzung | 0,1 |
| Variantenauswertung, je zusätzliche Variante | 0,1 |
| besondere Einsatzbedingungen der Feuerwehr | 0,1 |
| besondere Dokumentationsstandards | 0,2 |
| Einsatz von Datenplattformen | 0,1 |
| Verfahren mit bestehenden Gebäuden | 0,6 |
| besondere Genehmigungsverfahren (z.B. BImSchG) | 0,2 |
| mehrstufige Verfahren (z.B. Teilausbau, HU-AFU Bau, ES-EW Bau) | 0,3 |

**Tabelle: Teilfläche-Schwierigkeitsbeiwerte $s_T$**

| **Kriterium Schwierigkeiten der Teilfläche** | **Beiwert $s_T$** |
|---|---|
| unterirdisches Geschoss | 0,1 |
| offene Geschossverbindung | 0,2 |
| Denkmalschutz | 0,3 |
| ungeregelter Sonderbau | 0,2 |
| überproportionaler Installationsgrad | 0,1 |
| besondere Bauweise | 0,3 |

## 1.3 Prozentsätze der Honorare

Die Regelleistungen des nachfolgenden Leistungsbildes werden für die aufgeführten Leistungsphasen 1 bis 8 entsprechend nachfolgender Tabelle im v. H.-Satz der Honorare bewertet.

| Leistungsphasen | Bewertung der Regelleistungen in v.H. der Honorare |
|---|---|
| 1. Grundlagenermittlung | 1 |
| 2. Vorplanung | 15 |
| 3. Entwurfsplanung | 19 |
| 4. Genehmigungsplanung | 15 |
| 5. Ausführungsplanung | 18 |
| 6. Vorbereiten der Vergabe | – |
| 7. Mitwirken bei der Vergabe | – |
| 8. Objektüberwachung | 32 |

## 1.4 Leistungsbild Brandschutz

Die Aufzählung der Optionalen Leistungen ist nicht abschließend. Die Optionalen Leistungen können auch für Leistungsphasen, denen sie nicht zugeordnet sind, oder für andere Leistungsbilder vereinbart werden, sofern sie dort keine Regelleistungen darstellen. Die Honorare für Optionale Leistungen können frei vereinbart werden.

| Regelleistungen | Optionale Leistungen |
|---|---|
| **1. Grundlagenermittlung** | |
| • Klären der Aufgabenstellung und des Planungsumfangs<br>• Klären, inwieweit besondere Fachplaner einzubeziehen sind und Festlegen der Aufgabenverteilung<br>• Zusammenstellen der Ergebnisse | • Bestandserfassung vor Ort<br>• Auswerten von übergebenen Bauakten |

| Regelleistungen | Optionale Leistungen |
|---|---|
| **2. Vorplanung** | |
| • Feststellen einschlägiger Rechtsgrundlagen und der wesentlichen materiell-rechtlichen Anforderungen aufgrund der Art, Nutzung, Bauweise, Größe, Nachbarschaft und des gestalterischen Konzeptes sowie von eventuell beanspruchten Abweichungen von bauordnungsrechtlichen Vorschriften<br>• Erarbeiten der Grundzüge des Brandschutzkonzeptes einschließlich der Möglichkeiten beim abwehrenden Brandschutz und der Grundlagen für anlagentechnische Maßnahmen<br>• Erstellen von Brandschutzskizzen zur Visualisierung der baulichen Maßnahmen und des anlagentechnischen Konzeptes<br>• Stichpunkthaftes Zusammenstellen der Vorplanungsergebnisse | • Qualitative Analyse der vorgesehenen Nutzung hinsichtlich besonderer Brand- und Explosionsgefahren; Feststellen des Erfordernisses eines Explosionsschutz-Dokumentes<br>• Ermitteln des erforderlichen Löschwasser-Rückhaltevolumens auf Basis von übergebenen Listen/Sicherheitsdatenblättern zu entsprechenden Wassergefährdungsklassen<br>• Feststellen des Bedarfs und Zielstellung eines Entrauchungskonzeptes für spezielle Fragestellungen<br>• Feststellen des Bedarfs und Zielstellung eines Evakuierungskonzeptes für spezielle Fragestellungen<br>• Beraten zum objektspezifischen Bedarf des BIM im Brandschutz<br>• Ermitteln von Brandlasten vor Ort<br>• Auswerten von übergebenen Listen/Sicherheitsdatenblättern zu brennbaren Flüssigkeiten oder Gefahrstoffen<br>• Teilnehmen an Besprechungen, an denen der Brandschutz nicht gebündelt behandelt wird |
| **3. Entwurfsplanung** | |
| • Erarbeiten des Brandschutzkonzeptes ggf. unter Berücksichtigung der Wechselwirkung zwischen den baulichen und anlagentechnischen Maßnahmen<br>• Konkretisieren der objektspezifischen Brandschutzanforderungen<br>• Mitwirken bei Abstimmungen mit Behörden, Prüfingenieuren und Prüfsachverständigen, Brandschutzdienststellen und/oder Feuerwehr<br>• Zusammenstellen wesentlicher Inhalte als Entwurf des textlichen Erläuterungsberichtes zum Stand der Entwurfsplanung | • Beraten bei der Festlegung von maßgebenden Brandszenarien für die Brandsimulation<br>• Beraten bei der Festlegung von maßgebenden Szenarien für Evakuierungskonzepte |

| Regelleistungen | Optionale Leistungen |
|---|---|
| **4. Genehmigungsplanung** | |
| • Erarbeiten des Erläuterungsberichtes gemäß den jeweils geltenden bauaufsichtlichen Verfahrensvorschriften mit Darstellung<br>– der Rechtsgrundlagen, die der Planung zugrunde liegen,<br>– des Brandschutzkonzeptes mit den baulichen, anlagentechnischen und organisatorischen Maßnahmen,<br>– der Erfordernisse zur Wahrung der Belange des abwehrenden Brandschutzes<br>• Erstellen von Brandschutzplänen als Visualisierung der baulichen Brandschutzmaßnahmen und des anlagentechnischen Konzeptes<br>• Begründen von Abweichungen, die den Brandschutz betreffen<br>• Zusammenstellen der vorgenannten Unterlagen | • Überprüfen von Bauvorlagen der Objektplanung auf die zutreffende Umsetzung der Brandschutzplanung und auf Übereinstimmung mit dem Erläuterungsbericht<br>• Überprüfen der Bauvorlagen zur Lüftungsplanung auf die zutreffende Umsetzung der Brandschutzplanung und auf Übereinstimmung mit dem Erläuterungsbericht<br>• Fortschreiben des prinzipiell genehmigungsfähigen Brandschutzkonzeptes um die Ergebnisse der Vorprüfung der Bauaufsichtsbehörden oder Forderungen des Prüfsachverständigen/Prüfingenieurs |
| **5. Ausführungsplanung** | |
| • Prüfen der Baugenehmigung auf einen ggf. gebotenen Widerspruch bezogen auf den Brandschutznachweis<br>• Beraten bei Anfragen der Objekt- und Fachplaner hinsichtlich der integrierten brandschutztechnischen Fachleistung auf Basis des genehmigten Brandschutznachweises einschließlich der Auflagen aus der Genehmigung<br>• Erstellen einer Brandfallsteuertabelle<br>• Mitwirken an der Koordination der Fachplanung an brandschutzrelevanten Schnittstellen<br>• Mitwirken beim Feststellen der Eignung vorgelegter Übereinstimmungserklärungen von geregelten Bauprodukten und Bauarten für die Einbausituation<br>• Prüfen, inwieweit zusätzliche genehmigungspflichtige Sachverhalte entstanden sind<br>• Zusammenstellen der Ergebnisse | • Einmaliges Prüfen von Ausführungsplänen und Montageplänen der Objekt- und Fachplaner hinsichtlich des baulichen Brandschutzes<br>• Mitwirken beim Feststellen der Eignung vorgelegter Verwendbarkeits- und Anwendbarkeitsnachweise von ungeregelten Bauprodukten und Bauarten für die Einbausituation<br>• Mitwirken bei dem Erstellen einer gewerkeübergreifenden Brandschutzmatrix |

| Regelleistungen | Optionale Leistungen |
|---|---|
| **6. Vorbereiten der Vergabe** | • Beraten der Objekt- und Fachplaner bei der Erstellung der brandschutztechnischen Teile der Leistungsverzeichnisse<br>• Prüfen von definierten brandschutztechnischen Teilleistungen im Leistungsverzeichnis |
| **7. Mitwirken bei der Vergabe** | • Beraten der Objekt- und Fachplaner bei der Auswertung der brandschutzrelevanten Teile der Leistungsverzeichnisse |
| **8. Objektüberwachung (Bauüberwachung)** | |
| • Prüfen der Ausführung des Objektes auf prinzipielle Übereinstimmung mit dem genehmigten Brandschutznachweis einschließlich der Auflagen aus der Genehmigung an bis zu drei Begehungseinheiten | • Fachbauleitung Brandschutz als systematisch-stichprobenartige und ggf. zerstörende Kontrolle von baulichen Brandschutzmaßnahmen |
| • Einmalige Plausibilitätskontrolle der vorgelegten Nachweise für geregelte Bauprodukte und Bauarten sowie Erklärungen zum baulichen Brandschutz<br>• Prüfen der Sachverständigenbescheinigungen oder Sachkundigenbestätigungen hinsichtlich der Feststellung der Wirksamkeit und Betriebssicherheit für sicherheitstechnische Anlagen und Einrichtungen<br>• Mitwirken bei der Vorbereitung von behördlichen Prüfungen/Begehungen und Teilnahme daran<br>• Erstellen eines Statusberichtes einschließlich Bewerten der Möglichkeiten für die Inbetriebnahme | • Kontrolle der vorgelegten Nachweise für ungeregelte Bauprodukte und Bauarten sowie Erklärungen zum baulichen Brandschutz<br>• Mitwirken bei der fachtechnischen Abnahme von Sonderbauteilen, Anlagen und Einrichtungen zur Feststellung von Mängeln<br>• Mitwirken bei der Prüfung der Brandfallsteuertabelle oder gewerkeübergreifenden Brandfallmatrix<br>• Prüfen von Feuerwehrplänen<br>• Prüfen von Flucht- und Rettungsplänen |

## 1.5 Ermittlung der Honorare für Regelleistungen

1. Für die Ermittlung der Honorare sind zunächst die Flächenäquivalente für die einzelnen Kalkulationseinheiten durch Multiplikation der Bruttogrundfläche mit dem jeweiligen Nutzungsbeiwert und dem Schwierigkeitsbeiwert zu ermitteln. Sofern in den Kalkulationseinheiten unterschiedliche Nutzungs- oder Schwierigkeitsbeiwerte vorliegen, ist der jeweils höchste Wert anzusetzen. Das Gesamt-Flächenäquivalent $A_q$ ergibt sich somit nach der Formel

$$\mathbf{A_q = \sum ( A_i \times n_i \times s_i)}$$

als Summe des zunächst für die einzelnen Kalkulationseinheiten ermittelten Produkts der jeweiligen Fläche $A_i$ mit dem entsprechenden Nutzungsbeiwert $n_i$ und dem entsprechenden Schwierigkeitsbeiwert $s_i$.

2. Das Honorar H ermittelt sich ohne Mehrwertsteuer in € aus der Summe der einzelnen Flächenäquivalente $A_{qi}$ aus vorstehender Gleichung entsprechend der Formel

$$\mathbf{H = 2.600 + f \times A_q^{0,61}}.$$

Dabei ist der Faktor f entsprechend dem Datum der Beauftragung der jeweiligen Leistungsphase wie folgt einzusetzen:

| **Jahr** | 2022 | 2023 | 2024 | 2025 | 2026 | 2027 | 2028 |
|---|---|---|---|---|---|---|---|
| **Faktor f** | 170 | 173 | 177 | 180 | 184 | 188 | 191 |

3. Die Honorarformel ist nachfolgend in Abhängigkeit des Flächenäquivalents $\mathbf{A_q}$ als Kurvendiagramm (mit f = 170 für 2022) und in Tabellenform ausgewertet.

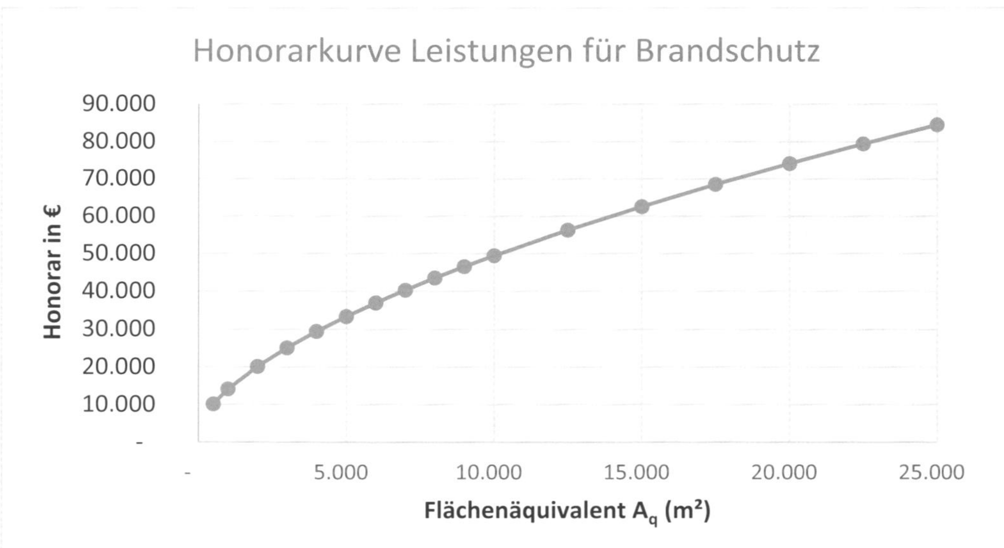

| Flächen-äquivalent | 2022 | 2023 | 2024 | 2025 | 2026 | 2027 | 2028 |
|---|---|---|---|---|---|---|---|
| Aq (m²) | f = 170 | f = 173 | f = 177 | f = 180 | f = 184 | f = 188 | f = 191 |
| 500 | 10.130 | 10.263 | 10.441 | 10.573 | 10.751 | 10.928 | 11.061 |
| 1.000 | 14.093 | 14.296 | 14.567 | 14.769 | 15.040 | 15.310 | 15.513 |
| 2.000 | 20.142 | 20.451 | 20.864 | 21.174 | 21.587 | 21.999 | 22.309 |
| 3.000 | 25.064 | 25.461 | 25.989 | 26.386 | 26.914 | 27.443 | 27.839 |
| 4.000 | 29.374 | 29.846 | 30.476 | 30.948 | 31.578 | 32.208 | 32.681 |
| 5.000 | 33.278 | 33.819 | 34.541 | 35.082 | 35.804 | 36.526 | 37.067 |
| 6.000 | 36.886 | 37.491 | 38.298 | 38.903 | 39.710 | 40.517 | 41.122 |
| 7.000 | 40.267 | 40.932 | 41.818 | 42.482 | 43.369 | 44.255 | 44.920 |
| 8.000 | 43.463 | 44.184 | 45.146 | 45.867 | 46.829 | 47.790 | 48.511 |
| 9.000 | 46.507 | 47.282 | 48.315 | 49.090 | 50.123 | 51.156 | 51.931 |
| 10.000 | 49.422 | 50.248 | 51.350 | 52.176 | 53.278 | 54.379 | 55.206 |
| 12.500 | 56.249 | 57.196 | 58.458 | 59.405 | 60.667 | 61.930 | 62.877 |
| 15.000 | 62.560 | 63.619 | 65.029 | 66.087 | 67.498 | 68.909 | 69.967 |
| 17.500 | 68.472 | 69.635 | 71.185 | 72.347 | 73.897 | 75.447 | 76.609 |
| 20.000 | 74.062 | 75.323 | 77.005 | 78.266 | 79.947 | 81.629 | 82.890 |
| 22.500 | 79.386 | 80.741 | 82.547 | 83.902 | 85.709 | 87.516 | 88.871 |
| 25.000 | 84.483 | 85.928 | 87.854 | 89.299 | 91.226 | 93.153 | 94.598 |

## 1.6 Nebenkosten

1. Die bei der Planung entstehenden Auslagen (Nebenkosten) des Auftragnehmers können, soweit sie erforderlich sind, neben den Honoraren für die Leistungen für Brandschutz berechnet werden. Die Vertragsparteien können bei Auftragserteilung schriftlich vereinbaren, dass abweichend von Satz 1 eine Erstattung ganz oder teilweise ausgeschlossen ist.
2. Zu den Nebenkosten gehören insbesondere:
   a) Versandkosten, Kosten für Datenübertragungen,
   b) Kosten für Vervielfältigungen von Zeichnungen und schriftlichen Unterlagen sowie die Anfertigung von Filmen und Fotos,
   c) Kosten für ein Baustellenbüro einschließlich Einrichtung, Beleuchtung und Beheizung,

d) Fahrtkosten für Reisen, die über den Umkreis von mehr als 15 Kilometern um den Geschäftssitz des Auftragnehmers hinausgehen, in Höhe der steuerlich zulässigen Pauschalsätze, sofern nicht höhere Aufwendungen nachgewiesen werden,

e) Trennungsentschädigungen und Kosten für Familienheimfahrten in Höhe der steuerlich zulässigen Pauschalsätze, sofern nicht höhere Aufwendungen an Mitarbeiter des Arbeitnehmers aufgrund von tariflichen Vereinbarungen bezahlt werden,

f) Entschädigungen für den sonstigen Aufwand bei längeren Reisen nach d), sofern die Entschädigungen vor der Geschäftsreise schriftlich vereinbart worden sind,

g) Entgelte für nicht dem Auftragnehmer obliegende Leistungen, die von ihm im Einvernehmen mit dem Auftraggeber Dritten übertragen worden sind,

h) Gebühren und Auslagen von Genehmigungsbehörden und Brandschutzdienststellen.

3. Nebenkosten können pauschal oder nach Einzelnachweis abgerechnet werden. Sie sind nach Einzelnachweis abzurechnen, sofern bei Auftragserteilung keine pauschale Abrechnung schriftlich vereinbart worden ist.

# 2 Beispielrechnungen

## 2.1 Neubau eines Stadthauses

*Sachverhalt:*

- Gebäudeklasse 5 mit 1.200 $m^2$ Grundfläche davon 80 $m^2$ Treppenräume
- Tiefgarage im UG, Läden im EG, Wohnen im 1. bis 5. OG
- für Regelleistungen der Leistungsphasen 1 bis 4; beauftragt in 2023

Projekt-Schwierigkeitsbeiwert:

$s_P = 0{,}2$ (zwei zusätzliche Nutzungen)

Nutzungs- und Teilflächen-Schwierigkeitsbeiwerte n und $s_T$:

| | | |
|---|---|---|
| Garage: | $n_1 = 0{,}7$ | $s_T = 0{,}1$ (unterirdisch) |
| Verkauf: | $n_2 = 1{,}2$ | $s_T = 0$ (kein Ansatz) |
| Wohnen: | $n_3 = 1{,}0$ | $s_T = 0$ (kein Ansatz) |
| Treppenräume: | $n_4 = 1{,}0$ | $s_T = 0{,}5$ (Ansatz nach 1.2 Ziffer 1) |

Flächenäquivalente der Kalkulationseinheiten:

| | |
|---|---|
| Garage: | $s_i = (1{,}0 + \sum s_P) \times (1{,}0 + \sum s_T)$, gemäß 1.2 Ziffer 3 |
| | $A_{qi} = A_i \times n_i \times s_i$, vgl. 1.5 |
| | $s_1 = (1{,}0 + 0{,}2) \times (1{,}0 + 0{,}1) = 1{,}32$ |
| | $A_{q1} = 1.120 \times 0{,}7 \times 1{,}32 = 1.035$ |
| Verkauf: | $s_2 = (1{,}0 + 0{,}2) \times (1{,}0 + 0) = 1{,}20$ |
| | $A_{q2} = 1.120 \times 1{,}2 \times 1{,}20 = 1.613$ |
| Wohnen | $s_3 = (1{,}0 + 0{,}2) \times (1{,}0 + 0) = 1{,}20$ |
| | $A_{q3} = 5 \times 1.120 \times 1{,}0 \times 1{,}20 = 6.720$ |
| Treppenräume | $s_4 = (1{,}0 + 0{,}2) \times (1{,}0 + 0{,}5) = 1{,}80$ |
| | $A_{q4} = 7 \times 80 \times 1{,}0 \times 1{,}80 = 1.008$ |
| Flächenäquivalent gesamt: | $A_q = \sum A_{qi} = A_{q1} + A_{q2} + A_{q3} + A_{q4}$ |
| | $A_q = 1035 + 1.613 + 6.720 + 1.008 = 10.376$ |

Gesamthonorar H = $2.600 + 173 \times A_q^{0{,}61} = 51.333$ €

Teilhonorar Leistungsphasen 1 bis 4 entsprechend 50 % = 25.667 €
zzgl. Nebenkosten und Mehrwertsteuer

## 2.2 Schulzentrum im Bestand

*Sachverhalt:*

- UG: Werkräume mit 900 m² und Technikzentrale mit 800 m²
- EG: Atrium zum 1. OG mit 200 m² und Klassenzimmer mit 1.500 m²
- 1. OG: Klassenzimmer mit 1.100 m² und Verwaltung mit 400 m²
- 2. und 3. OG: Klassenzimmer mit je 1.700 m²
- für Regelleistung der Leistungsphase 8, beauftragt in 2022

Projekt-Schwierigkeitsbeiwert:

$s_P = 0{,}2$ (zwei zusätzliche Nutzungen) + 0,6 (im Bestand) = 0,8

Teilflächen-Nutzungsbeiwerte n:

| | |
|---|---|
| Schule: | $n = 1{,}5$ |
| Technikzentrale: | $n = 1{,}0$ |
| Verwaltung: | $n = 1{,}0$ |

Flächenäquivalent der Kalkulationseinheiten:

| | |
|---|---|
| UG Schule: | $s_i = (1{,}0 + \sum s_P) \times (1{,}0 + \sum s_T)$, gemäß 1.2 Ziffer 3<br>$A_{qi} = A_i \times n_i \times s_i$, vgl. 1.5 |
| | $s_T = 0{,}1$ (unterirdisch) |
| | $s_1 = (1{,}0 + 0{,}8) \times (1{,}0 + 0{,}1) = 1{,}98$ |
| | $A_{q1} = 900 \times 1{,}5 \times 1{,}98 = 2.673$ |
| UG Technik: | $s_T = 0{,}1$ (unterirdisch) |
| | $s_2 = (1{,}0 + 0{,}8) \times (1{,}0 + 0{,}1) = 1{,}98$ |
| | $A_{q2} = 800 \times 1{,}0 \times 1{,}98 = 1.584$ |
| EG und 1. OG Schule: | $s_T = 0{,}2$ (offene Geschossverbindung)<br>$s_3 = (1{,}0 + 0{,}8) \times (1{,}0 + 0{,}2) = 2{,}16$ |
| | $A_{q3} = (1.700 + 1.100) \times 1{,}5 \times 2{,}16 = 9.072$ |
| 1. OG Verwaltung: | $s_T = 0{,}2$ (offene Geschossverbindung)<br>$s_4 = (1{,}0 + 0{,}8) \times (1{,}0 + 0{,}2) = 2{,}16$ |
| | $A_{q4} = 400 \times 1{,}0 \times 2{,}16 = 864$ |
| 2. und 3. OG Schule: | $s_T = 0$ (keine) |
| | $s_5 = (1{,}0 + 0{,}8) \times (1{,}0 + 0) = 1{,}80$ |
| | $A_{q5} = 2 \times 1.700 \times 1{,}5 \times 1{,}80 = 9.180$ |

Flächenäquivalent gesamt:

$$A_q = \sum A_{qi} = A_{q1} + A_{q2} + A_{q3} + A_{q4}$$

$$A_q = 2.673 + 1.584 + 9.072 + 864 + 9.180 = 23.373$$

Gesamthonorar H = $2.600 + 170 \times A_q^{\,0,61} = 81.190$ €
Teilhonorar Leistungsphase 8 entsprechend 32 % = 25.981 €
zzgl. Nebenkosten und Mehrwertsteuer

Hinweis: Ansatz der Verkehrsflächen/Treppen in Berechnung vernachlässigt.

# 3 Allgemeine Erläuterungen

Die Fachkommission Brandschutz des AHO hat die Leistungen für bauordnungsrechtlichen Brandschutz gegenüber der Fassung von Heft 17 vom Juni 2015 aktualisiert und fortgeschrieben. Der AHO reagiert damit auf den Umstand, dass Leistungen für den Brandschutz nicht in den Grundleistungen der in der HOAI 2021 veröffentlichten Leistungsbilder enthalten sind und eine Aufnahme dort – zumindest kurzfristig – nicht in Aussicht steht.

Nach Anlage 10 HOAI 2021 ist für das Leistungsbild Gebäude und Innenräume in Leistungsphase 2 als Besondere Leistung nunmehr exemplarisch (vgl. § 3 Abs. 2 HOAI) ausgewiesen:

> *„Erarbeiten und Erstellen von besonderen bauordnungsrechtlichen Nachweisen für den vorbeugenden und organisatorischen Brandschutz bei baulichen Anlagen besonderer Art und Nutzung, Bestandsbauten oder im Falle von Abweichungen von der Bauordnung".*

Damit reagiert der Verordnungsgeber auf das Urteil des BGH vom 26.1.2012 – XII ZR 128/11, welches für eine Fallgestaltung (die noch auf Basis der HOAI-Fassung 1996 zu entscheiden war) die AHO-Schriftenreihe Heft 17 „Leistungsbild und Honorierung Leistungen für Brandschutz" in die Prüfung einbezog, aber damals noch offen ließ, ob und unter welchen Voraussetzungen im Allgemeinen eine Qualifizierung von Leistungen des Brandschutzes auch als isolierte Optionale Leistung möglich ist.

In der Amtlichen Begründung zur HOAI 2013 (die insoweit nicht geändert wurde) zu Anlage 10.1 werden die Schnittstellen und Abgrenzungen zu anderen Leistungsbildern nochmals deutlicher differenziert:

> *„Der Leistungsphase 2 (der Objektplanung) wurde die Besondere Leistung zur Erarbeitung und Erstellung von besonderen bauordnungsrechtlichen Nachweisen für den vorbeugenden und organisatorischen Brandschutz neu zugeordnet.*
>
> *§ 11 Abs. 1 Musterbauvorlagen-Verordnung (MBauVorlV) enthält eine Liste von Angaben, die insbesondere für den Nachweis des Brandschutzes im Lageplan, in den Bauzeichnungen und in der Baubeschreibung, soweit erforderlich, darzustellen sind. Diese in die üblichen Bauvorlagen einzutragenden Angaben stellen somit keine besonderen bauordnungsrechtlichen Nachweise dar und sind somit den Grundleistungen der Objektplanung zuzuordnen."*

Bei Bestandsbauten oder im Falle von Abweichungen werden allerdings in der Regel darüber hinausgehende Unterlagen und Nachweise erforderlich, die den Besonderen Leistungen zuzuordnen sind.

> *„Nach § 11 Abs. 2 Satz 1 MBauVorlV müssen bei Sonderbauten, Mittel- und Großgaragen zusätzliche Angaben gemäß dortiger Auflistung gemacht werden, also besondere bauordnungsrechtliche Nachweise, die in der Regel eine eigenständige Dokumentation erfordern, die über die vorbeschriebenen Einträge in die Planunterlagen bzw. üblichen Bauvorlagen hinausgeht. Es handelt sich somit um Besondere Leistungen.*
>
> *§ 11 Abs. 2 Satz 2 MBauVorlV legt fest, dass auch anzugeben ist, weshalb es der Einhaltung von Vorschriften wegen der besonderen Art oder Nutzung baulicher Anlagen*

*oder Räume oder wegen besonderer Anforderungen nicht bedarf, siehe § 51 Satz 2 Musterbauordnung (MBO).*

*§ 11 Abs. 2 Satz 3 MBauVorlV regelt, dass der Brandschutznachweis gesondert in Form eines objektbezogenen Brandschutzkonzeptes dargestellt werden kann.*

*Die Erarbeitung dieser speziellen Fragestellungen erfordert besondere fachübergreifende Kenntnisse des baulichen, anlagentechnischen und betrieblich-organisatorischen Brandschutzes.*

*In verschiedenen Bundesländern ist für die Erarbeitung dieser Nachweise eine besondere Qualifikation (z.B. Nachweisberechtigung, staatliche Anerkennung) bauaufsichtlich vorgeschrieben. Häufig sind hierfür besondere Planunterlagen als Visualisierung des Brandschutzkonzeptes zu erstellen, die erheblich über die in § 11 Abs. 1 MBauVorlV beschriebene übliche Bauvorlagen hinausgehen."*

Diese tragfähige Unterscheidung, basierend auf der Muster-Bauvorlagenverordnung (MBauVorlV), grenzt somit allgemeine, einfache Angaben im Brandschutz, die als von der Architektenplanung abgedeckt gelten können, klar gegen zusätzliche Planungsleistungen und Nachweise ab, die Optionale (dort Besondere) Leistungen darstellen und somit den Gegenstand dieser AHO-Veröffentlichung ausmachen.

Alle am Bau beteiligten Planer, Projektsteuerer oder Bauherrn stellen seit Jahren ein Anwachsen der normativen Anforderungen an den Brandschutz fest. Die Umsetzung dieser Vorgaben bedarf einer frühzeitigen Einbindung eines Fachplaners und lässt dann auf effiziente und wirtschaftliche Weise eine Brandsicherheit, aber auch Planungssicherheit erreichen. Dies betrifft aktuell insbesondere auch die in den letzten Jahren zunehmende Komplexität des Bauproduktenrechts.

Aktuelle Entwicklungen zeigen darüber hinaus eine Fülle von Außergewöhnlichen Leistungen, die für spezielle Fragestellungen und Objekte zunehmend eine spezifische Fachplanung im Brandschutz erfordern. Diese sind weder Bestandteil der Regelleistungen noch der Optionalen Leistungen dieser vorliegenden Fassung von AHO-Heft 17 und werden insbesondere auch im Hinblick auf die Honorarermittlung zur fachtechnischen Abgrenzung in Kapitel 5 beschrieben.

## 3.1 Anwendungsbereich

Der Anwendungsbereich bezieht sich auf die Tätigkeit der bauordnungsrechtlichen Brandschutzplanung im „Vorbeugenden Brandschutz". Dabei werden folgende Definitionen zugrunde gelegt:

- **Vorbeugender Brandschutz**: Bauliche und anlagentechnische und ggf. organisatorische Maßnahmen, die nach der bauaufsichtlichen Generalklausel des Brandschutzes, der Entstehung und Ausbreitung von Feuer und Rauch vorbeugen, die Rettung von Menschen, Tieren und wirksame Löschmaßnahmen ermöglichen; demgegenüber:
- **Abwehrender Brandschutz** als Maßnahmen der Feuerwehr bei der aktiven Brandbekämpfung sowie:
- **Betrieblicher Brandschutz** als organisatorische Maßnahmen während des Betriebes von Gebäuden oder Anlagen zur Verhütung von Bränden und Verhalten im Brand- und sonstigen Gefahrenfall.

Sofern zur Wahrung der Belange des abwehrenden Brandschutzes, d.h. für den Feuerwehreinsatz, besondere bauliche, anlagentechnische oder organisatorische Maßnahmen berücksichtigt werden müssen, sind diese Bestandteil des vorbeugenden Brandschutzes.

Nach aktuellen bauaufsichtlichen Anforderungen werden entweder unmittelbar spezifische Bauvorlagen oder bautechnische Nachweise für den Brandschutz (sog. Brandschutzkonzepte oder Brandschutznachweise) vorgegeben oder im Einzelfall des bauaufsichtlichen Verfahrens gefordert. Im föderalen System der Bundesrepublik Deutschland variieren die Begriffe. In dieser Veröffentlichung wird der Begriff des „Brandschutznachweises" für die Dokumentationsform und des „Brandschutzkonzeptes" für den gedanklichen Inhalt verwendet. Die Prüfung dieser Nachweise ist nicht Gegenstand dieser Veröffentlichung.

Zur Erläuterung der Begriffe „Prüfingenieur" bzw. „Prüfsachverständige" wird auf § 85 Abs. 2 MBO in Verbindung mit der MPPVO bzw. entsprechenden Vorschriften der Bundesländer verwiesen.

Die Leistungen für bauordnungsrechtlichen Brandschutz fallen zusätzlich zu den Grundleistungen der Objektplanung an und ermöglichen durch die frühzeitige Einbindung des Brandschutzes eine Planungsoptimierung und Vermeidung von Planungsfehlern. Durch das Leistungsbild für bauordnungsrechtlichen Brandschutz bleiben die Leistungsbilder der HOAI unberührt. Beispielsweise sind Nachweise des statisch-konstruktiven Brandschutzes, also der Feuerwiderstandsdauer der Bauteile im Rahmen des Nachweises der Standsicherheit und somit als Leistungen der Tragwerksplanung vorzunehmen. Im Leistungsbild für bauordnungsrechtlichen Brandschutz ist demgegenüber die Anforderung festzulegen, welche Bauteile einer Feuerwiderstandsklasse oder welche ggf. keiner Anforderung genügen müssen. Die Planungsleistungen für Feuerlöschtechnik sind im Leistungsbild bei der Technischen Ausrüstung enthalten, im Leistungsbild für bauordnungsrechtlichen Brandschutz wird festgelegt, ob und wenn ja, welche anlagentechnische Maßnahmen für Gebäude oder Anlagen erforderlich werden und welche Anforderungen an die Wirksamkeit dieser Systeme zu stellen sind. Auf eine besondere Schnittstelle im Bereich des sog. Löschanlagen-Konzeptes als Außergewöhnliche Leistung wird an dieser Stelle auf Kapitel 5.9 verwiesen.

Insbesondere wird in den Leistungen für bauordnungsrechtlichen Brandschutz auch der im Einzelobjekt ggf. mögliche Austausch von einzelnen baulichen Maßnahmen gegen besondere Anforderungen an anlagentechnische Maßnahmen (oder umgekehrt) erarbeitet.

Insgesamt beachtet das Leistungsbild für bauordnungsrechtlichen Brandschutz strikt die Grundregel der HOAI, wonach Grundleistungen eines Leistungsbildes der allgemeinen HOAI nicht zugleich in einem anderen Leistungsbild enthalten sein können. Damit werden zugleich Doppelhonorare vermieden. Auch Leistungen aus anderen, ggf. verwandten Rechtsgebieten – wie z.B. für den Arbeitsschutz –, sind nicht Gegenstand dieses Leistungsbildes. Gleiches gilt für spezielle Leistungen zur Planung der Barrierefreiheit, für welche ggf. auf eine weitere besondere Fachplanung auf Grundlage von AHO-Heft 40 verwiesen wird.

Leistungen für bauordnungsrechtlichen Brandschutz werden insbesondere erbracht bei baulichen Anlagen besonderer Art oder Nutzung (Sonderbauten). Das Leistungsbild greift also im Wesentlichen zunächst für Hochbauten. Es bestehen jedoch keine Bedenken, das Leistungsbild im Zusammenhang mit bauordnungsrechtlichen Verfahren auch auf Ingenieurbauwerke der Abfallwirtschaft, wie beispielsweise Wertstoffcenter mit Abfallaufbereitung, Anlagen zur thermischen Abfallbehandlung, Müllheizkraftwerke, Anlagen zur mechanisch-biologischen Aufbereitung oder Ingenieurbauwerken der Wasserwirtschaft, wie z.B. Betriebsgebäuden von Abwasserbehandlungsanlagen, Pumpwerken o.Ä., zu übertragen. Für die Honorarermittlung kann dann ein Nutzungsbeiwert n objektspezifisch als Technikfläche n = 1,0, als Kraftwerk n = 2,0 bzw. in fachgerechter Interpolation gemäß Ziffer 1.2 Aufzählung 2 dieser Veröffentlichung ermittelt werden. Für Tunnelbauten zeigen sich jedoch in der praktischen Abwicklung andere Schwerpunkte und Planungsinhalte, sodass eine unmittelbare Anwendung nicht möglich ist.

## 3.2 Grundlagen des Honorars

Das Honorar für Regelleistungen für bauordnungsrechtlichen Brandschutz richtet sich nach der Bruttogrundfläche gemäß DIN 277 des Gebäudes bzw. entsprechender Teilflächen, der jeweiligen Nutzung sowie Kriterien der Schwierigkeit für die Bearbeitung.

Für die Bewertung sind zunächst jeweils die „Kalkulationseinheiten" des Gebäudes zu identifizieren, die die gleiche Nutzung und Schwierigkeit in der brandschutztechnischen Bearbeitung aufweisen. Damit ist eine sinnvolle und praktikable Verknüpfung zwischen der fachtechnisch-bauordnungsrechtlichen Bearbeitung und der Honorarermittlung gemacht. Dementsprechend bildet auch bei der Änderung von bestehenden Gebäuden die jeweils betroffene Kalkulationseinheit die Basis für die Honorarermittlung.

Als **„Kalkulationseinheit"** gelten dabei brandschutztechnisch abgegrenzte Bereiche, die gegeneinander geschützt sind und den Feuerwehreinsatz durch räumlich definierte Abschnitte für die Brandbekämpfung begünstigen. Für sie wird zudem jeweils ein eigenes Rettungswegsystem verlangt. Folgerichtig ist insbesondere bei Umbaumaßnahmen im Bestand die Teilfläche einzusetzen, welche mit den vom Umbau betroffenen Räumen einen gemeinsamen ersten horizontalen Rettungsweg besitzt. Weiterhin ist es daher sachgerecht, bei der Honorarermittlung auch die Flächen der Rettungswege anzusetzen, welche die einzelnen Kalkulationseinheiten erschließen, z.B. beim Dachgeschossausbau der gesamte Treppenraum.

Für Treppenräume ist dabei die Bruttogrundfläche jedes Geschosses ein Nutzungsbeiwert n = 0,5 und keine besondere Schwierigkeit, somit s = 1,0, anzusetzen. Dies gilt analog, wenn anstelle eines Treppenraumes eine Außentreppe vor dem Gebäude angeordnet wird.

In Reaktion auf Anfragen zu früheren Fassungen dieser Schriftenreihe wurde nunmehr auch die Fallgestaltung berücksichtigt, dass innerhalb einer Kalkulationseinheit ggf. Einzelräume unterschiedlicher Nutzung vorliegen. Für (untergeordnete) Technikflächen innerhalb einer Kalkulationseinheit wird kein besonderer Nutzungsbeiwert berücksichtigt. Sofern diese allerdings eine Größe annehmen, dass sie als eigene Kalkulationseinheit wirken, werden die spezifischen Nutzungs- und Schwierigkeitsbeiwerte angesetzt.

Als Bewertungsmerkmal für die Nutzung werden den einzelnen Teilflächen des Gebäudes die **Beiwerte n** entsprechend der Tabelle zugeordnet.

Als Kalkulationseinheiten für offene Sportstätten mit Tribünen ist die Grundfläche der Tribüne (und ggf. zusätzlich einzelner Räume unter der Tribüne, für die eine Nutzung vorliegt), nicht jedoch die Spielfläche anzusetzen. Bei Stadien mit wechselnden Veranstaltungen auch auf der Spielfläche bildet diese eine weitere Kalkulationseinheit und ist auch mit dem Nutzungsbeiwert der Versammlungsstätte zu berücksichtigen.

Die Tabellierung der **Nutzungsbeiwerte** wird (weitgehend unverändert zu früheren Fassungen dieser Schriftenreihe) mit Beiwerten n = 0,7 für Garagen bis n = 3,0 für Funktionsbereiche in Krankenhäusern definiert, zumal sich diese als praxisgerecht bestätigt haben. Die leichte Erhöhung des Faktors n = 0,7 statt n = 0,6 für Garage begründet sich durch die zunehmende Brandschutzthematik, z.B. infolge der Elektromobilität und daraus resultierenden Fragestellungen. In der vorliegenden Fassung erfolgte weiterhin eine redaktionelle Anpassung an die bauordnungsrechtlichen Begriffe. Eine Unterscheidung zwischen Kraftwerken und Technikflächen kann dahingehend vorgenommen werden, dass Kraftwerke Energie erzeugende Anlagen oder Komponenten enthalten, während Technikflächen in der Regel Energie verbrauchende oder verteilende Anlagen aufnehmen.

Für nicht in der Tabelle enthaltene Nutzungen soll eine Interpolation zwischen den verschiedenen Tabellenwerten vorgenommen werden, wobei auch der Umstand berücksichtigt werden soll, dass einzelne Nutzungen typischerweise eine flächenmäßig große Ausdehnung besitzen und demgemäß der Aufwand für die brandschutztechnische Bearbeitung unterproportional groß ist. Dies trifft beispielsweise in ähnlicher Form für Hochhäuser zu, wo spezifisch erhöhte Planungsanforderungen durch den Wiederholungseffekt zumeist vergleichbarer Regelgeschossgrundrisse den Aufwand insgesamt kompensieren. Somit ist es sachgerecht, keinen spezifischen Beiwert für Hochhäuser zu definieren.

Zur Berücksichtigung eines erhöhten Aufwandes in der brandschutztechnischen Bearbeitung wurden die **Schwierigkeitsbeiwerte** in der aktuellen Auflage dieser Schriftenreihe fortgeschrieben und hierbei Erkenntnisse und Erfahrungen berücksichtigt, die sich aus der Nachkalkulation und Analyse von durchgeführten Projekten ergaben. Unverändert zeigt es sich als sachgerecht, zwischen Schwierigkeitsbeiwerten, die das Gesamtprojekt betreffen, und Schwierigkeitsbeiwerten, die für die einzelnen Teilflächen bzw. Kalkulationseinheiten vorliegen oder nicht, zu unterscheiden.

Um eine möglichst differenzierte, einzelfallgerechte Ermittlung zu ermöglichen, werden jeweils die Beiwerte $s_P$ und $s_T$ für die einzelnen Kalkulationseinheiten ermittelt und zu einem für die Kalkulationseinheit maßgeblichen Schwierigkeitsbeiwert $s_i$ mit der ausgewiesenen Formel zusammengeführt.

Zur Erläuterung und Begründung der einzelnen Faktoren sei Folgendes ausgeführt:

- **Schwierigkeitsbeiwerte $s_P$**

  Verschiedene Nutzungen innerhalb eines Projektes erhöhen den Bearbeitungsaufwand, da stets verschiedene Vorschriften parallel ausgewertet werden müssen und zum Teil divergierende Festlegungen in einem Konzept zusammenzuführen sind. Sofern ein Gebäude mehr als eine Nutzung besitzt, wird der Beiwert $s_P$ für jede zusätzliche Nutzung zu 0,1 angesetzt und aufaddiert.

  Ebenso erhöhen Variantenauswertungen, beispielsweise für unterschiedliche Nutzungsanforderungen im gleichen Bereich, den Aufwand in der Projektbearbeitung in der Regel über alle Leistungsphasen, sodass eine Berücksichtigung über den Beiwert insgesamt sachgerecht ist.

  Besondere Einsatzbedingungen der Feuerwehr, wie z.B. schlechte oder eingeschränkte Zugänglichkeit, andere Gefahren (Strahlenschutz etc.) beeinflussen die Projektbearbeitung insgesamt und in der Regel alle Leistungsphasen.

  Dies gilt analog für besondere Dokumentationsstandards, die zunehmend häufiger von Auftraggebern vorgegeben werden. Dies betrifft entweder Vorgaben für die zeichnerische Visualisierung, aber auch die textliche Aufbereitung der Brandschutznachweise und auch sonstiger Projektdokumente (Protokolle, Entscheidungsvorlagen etc.). Die Nachkalkulation zeigte hier einen durchaus nennenswerten Aufwand, sodass eine moderate Anpassung des Beiwertes gegenüber früheren Fassungen dieser Veröffentlichung vorgenommen wurde.

  Der Einsatz von Datenplattformen kann mit zunehmender Digitalisierung als häufiges Instrument der Projektorganisation betrachtet werden. Für den Brandschutzplaner erhöht sich dadurch zumeist die Anzahl der zu bearbeitenden bzw. zu beachtenden Dokumente. Gleichwohl verbleiben aber auch Projekte, in welchen vom Objekt- und Fachplaner gezielt die brandschutzrelevanten Dokumente zur Verfügung gestellt werden. Es ist daher sachgerecht, den unterschiedlichen Bearbeitungsaufwand über diesen Schwierigkeitsbeiwert zu differenzieren, zumal häufig parallel zur Datenplattform eine Verarbeitung im firmeneigenen Datensystem erforderlich wird, um den darauf basierten Workflow beizubehalten. Etwaige Lizenzkosten für die Beteiligung von Datenplattformen sind unabhängig von dieser Betrachtung als Nebenkosten zusätzlich abzurechnen.

  Verfahren mit bestehenden Gebäuden generieren stets einen Mehraufwand beim Erstellen des Brandschutzkonzeptes gegenüber einer Neubaumaßnahme, da zusätzliche Randbedingungen und Kriterien einzubinden sind, die aus der (zusätzlich als Optionale Leistung zu vergütenden) Bestandserfassung vor Ort oder Auswertung von übergebenen Bauakten, aber auch aus der Beschäftigung mit bauzeitlichen Regelwerken, historischen Bauvorschriften, Fragen des Bestandsschutzes etc. resultieren. Da diese Aspekte dem Gebäude zuzuordnen sind, ist der Ansatz als projektbezogener Schwierigkeitsbeiwert sachgerecht, ebenso wie der Wert $s_P = 0,6$, welcher über Nachkalkulationen ermittelt wurde.

  Auch besondere Genehmigungsverfahren (z.B. BImSchG) führen mit weiteren Gesprächspartnern und zusätzlichen Regelwerken, die in der Brandschutzplanung zu berücksichtigen sind, zu einem erhöhten Aufwand.

Als wesentliche Erhöhung des Aufwandes haben sich mehrstufige Verfahren herausgestellt, da mit den Unterbrechungen, die aus auftraggeberseitig erforderlichen Genehmigungs- oder Bewilligungsprozessen entstehen, nicht nur ein Aufwand in der Einarbeitung bei Projektfortführung, sondern auch erhöhte Anforderungen an die Dokumentation der Arbeitsergebnisse resultieren. Auch die zusätzliche Einarbeitung von Modifikationen auf Basis dieser Prozesse führt zu einem höheren Aufwand. Mehrstufige Verfahren treten zumeist bei Großprojekten privater Investoren, aber auch im typischen Verfahren der öffentlichen Hand auf.

- **Schwierigkeitsbeiwerte Teilfläche $s_T$**

  Für unterirdische Geschosse resultieren daraus besondere Fragen der Zugänglichkeit, aber auch der Rauchabführung, die aber nur die entsprechende Kalkulationseinheit betreffen und daher der Teilfläche und nicht dem Projekt allgemein zugeordnet sind. Der Beiwert wird einheitlich für jede Kalkulationseinheit in einem unterirdischen Geschoss angesetzt; dabei ist unerheblich, ob es sich um das erste oder ein weiteres Untergeschoss handelt.

  Eine offene Geschossverbindung stellt in der Regel eine besondere Abweichung dar, auf welche das Brandschutzkonzept mit spezifischen Maßnahmen zum Rauchgasmanagement, Führung der Rettungswege etc. reagiert. Hier wird der Beiwert für jede Kalkulationseinheit angesetzt, die an den geschossübergreifenden Luftraum angrenzt.

  Die Kriterien des Denkmalschutzes beeinflussen das Brandschutzkonzept, da zumeist besondere Lösungen unter Verwendung der denkmalgeschützten Bauteile und Baustoffe zu erarbeiten sind, und über die reine Behandlung von Bestandsbauten hinausgehen. Da in einem bestehenden Gebäude auch nur Teile dem Denkmalschutz unterliegen können, ist die Zuordnung des Schwierigkeitsbeiwerts der Teilflächen sachgerecht.

  Ein ungeregelter Sonderbau erfordert eine objektspezifische Risikobewertung im Rückgriff auf Analogieschlüsse zu bauaufsichtlichen Vorschriften und dokumentiert damit eine besondere Schwierigkeit in der Bearbeitung. Das Fehlen von bauaufsichtlichen Bezugsregelungen stellt eine besondere Schwierigkeit in der brandschutztechnischen Bearbeitung dar, weil häufig Schutzziele erst mit den Genehmigungsbehörden/Prüfingenieuren/Prüfsachverständigen objektspezifisch erarbeitet und abgestimmt werden müssen und Lösungsansätze mit den Planungsbeteiligten im Einzelfall zu entwickeln sind.

  Bei der Bewertung eines überproportionalen Installationsgrades ist als Bezugsbasis die übliche Installation in Abhängigkeit von der Nutzung des Gebäudes bzw. der jeweiligen Teilfläche zu berücksichtigen. Beispielsweise ist für ein „übliches" Büro- und Verwaltungsgebäude eine Lüftungstechnik lediglich für Sanitärzellen und Einzelräume zu erwarten; Maßnahmen zur Vollklimatisierung bilden einen dementsprechend überproportionalen Installationsgrad. Für die Funktionsbereiche in Krankenhäusern ist demgegenüber der im Bereich von Bettentrakten und Pflegeheimen höhere Installationsgrad bereits in den Nutzungsbeiwerten berücksichtigt; ein überproportionaler Installationsgrad wäre somit nur dann anzusetzen, wenn dieser – bezogen auf die Nutzung als Funktionsbereich – nochmals größer wäre. Hier allerdings zeigten die Nachkalkulationen einen vergleichsweise geringeren Aufwand, sodass eine Reduzierung des Beiwerts gegenüber vorherigen Fassungen dieser Veröffentlichung vorgenommen wurde.

Besondere Bauweisen zeichnen sich dadurch aus, dass eine besondere Risikobewertung im Abgleich zum technischen Regelwerk erforderlich wird bzw. technische Regelungen nicht vollständig vorhanden sind. Im Unterschied zum ungeregelten Sonderbau, der sich zumeist aus besonderen Kriterien in der Nutzung ableitet, stehen hier besondere Bauverfahren oder Baumaterialien an, die einer besonderen konzeptionellen Bewertung bedürfen. Beispielhaft können hier Holzbauten in der Gebäudeklasse 4 und 5 genannt werden. Die ggf. Außergewöhnlichen Leistungen bei der Mitwirkung bei besonderen Konstruktionsdetails oder Bauprodukten aus nachwachsenden Rohstoffen, wie generell den Nachweisen nach Bauproduktenrecht, bleiben unberührt. Da sich diese auch auf Teilflächen innerhalb eines Gebäudes beschränken können, ist die Zuordnung als Schwierigkeitsbeiwert für den jeweiligen Bereich sachgerecht.

Sowohl die Schwierigkeitsbeiwerte Projekt $s_P$ als auch die Schwierigkeitsbeiwerte Teilfläche $s_T$ können im Einzelfall mehrfach vorkommen. In diesem Fall sind für die einzelnen Kalkulationsbereiche jeweils die einzelnen Werte aufzuaddieren und mit der ausgewiesenen Formel ein Gesamt-Schwierigkeitsbeiwert des Kalkulationsbereichs zu ermitteln.

Generell ist mit dem System einer Honorarermittlung unabhängig von den anrechenbaren Kosten ein konstruktives Modell umgesetzt, welches gleichermaßen für Neubauten und Bestandsgebäude geeignet ist. Die Definitionen von Nutzungsbeiwerten und Schwierigkeitsbeiwerten legen Bewertungskriterien vor, die zu einer zielgerichteten und zweckmäßigen Honorarermittlung führen.

## 3.3 Prozentsätze der Leistungsphasen

Die Bewertung der Von-Hundert-Sätze wurde gegenüber der 3. Auflage dieser Schriftenreihe beibehalten.

Dementsprechend sind für die Leistungsphase 6 „Vorbereiten der Vergabe“ und Leistungsphase 7 „Mitwirken bei der Vergabe“ keine Regelleistungen ausgewiesen, und der Von-Hundert-Satz ist somit gleich null.

In Fortschreibung der früheren Fassungen wird auf eine Leistungsphase 9 vollständig verzichtet, die dort noch ausgewiesenen Optionalen Leistungen sind nunmehr teilweise in Leistungsphase 8 überführt worden.

Eine Fortschreibung des Brandschutznachweises ist nahezu stets in ein Tektur-(Genehmigungs-)verfahren eingebunden und somit als Wiederholungsleistung mindestens der Leistungsphase 4 zuzuordnen, zumal eine Vorlage bei der Genehmigungsbehörde bzw. dem Prüfsachverständigen/Prüfingenieur erfolgt.

Insoweit war die Zuordnung/Aufteilung insgesamt anzupassen, wobei dem in der Praxis festgestellten Aufwand der Leistungsphase 8 Objektüberwachung der größte Anteil zugeordnet wurde.

## 3.4 Ermittlung der Honorare für Regelleistungen

Bei der Honorarermittlung wurde das Grundsystem der früheren Fassung dieser Schriftenreihe beibehalten bzw. fortgeführt und als Basis das sog. Flächenäquivalent $A_q$ zugrunde gelegt. Dieses ermittelt sich in Addition der Werte für die einzelnen Kalkulationseinheiten, die über die jeweiligen Nutzungsbeiwerte ni und Schwierigkeitsbeiwert si gewichtet werden. Die Ermittlung des Schwierigkeitsbeiwerts si ergibt sich gemäß Kapitel 3.2 wiederum aus dem Schwierigkeitsbeiwert für das Projekt $s_P$ und dem Schwierigkeitsbeiwert für die jeweilige Teilfläche $s_T$ .

Sofern die Leistungen für Brandschutz lediglich für Teile eines bestehenden oder neuen Gebäudes benötigt werden, ist zumindest die Fläche der zugehörigen Kalkulationseinheit, wie in Kapitel 1.2 beschrieben, zugrunde zu legen.

Im Vergleich zur Honorarkurve der Veröffentlichung in dieser Schriftenreihe versteht sich die Anpassung des Basiswertes auf 2.600 als Inflationsausgleich unter Berücksichtigung des Umstandes, dass die Honorarermittlung bekanntlich unabhängig von ggf. gestiegenen anrechenbaren Kosten erfolgt. In diesem Sinne ist auch der Vorfaktor f moderat über die nächsten Jahre fortgeschrieben. Darüber hinaus wurden die auch in der Planung des bauordnungsrechtlichen Brandschutzes erforderlichen Mehrleistungen aufgrund gestiegener Planungsanforderungen berücksichtigt.

## 3.5 Nebenkosten

Die Regelungen zu Nebenkosten wurden aus der 3. Auflage 2015 dieser Veröffentlichung unverändert übernommen und bedürfen keiner weiteren Erläuterung.

## 3.6 Beispielrechnungen

Auch in dieser Fassung der Schriftenreihe wurden Beispielrechnungen aufgenommen, die weitgehend selbsterklärend sind.

# 4 Erläuterungen zu Regelleistungen und Optionalen Leistungen

Das Leistungsbild wurde gegenüber früheren Fassungen der Schriftenreihe in Auswertung der Praxiserfahrungen insgesamt gestrafft und in verschiedenen Punkten konkretisiert und strukturiert.

Im Aufbau unterscheidet das Leistungsbild in einer zusammengefassten Tabelle Regelleistungen, die im Allgemeinen zur ordnungsgemäßen Erfüllung eines Auftrags erforderlich sind, und Optionale Leistungen, die nicht mit dem ausgewiesenen Honorar für Regelleistungen abgegolten werden. Die Optionalen Leistungen dienen ebenso zur konkreteren Definition und Abgrenzung gegenüber den Regelleistungen.

Die Aufzählung der Optionalen Leistungen ist nicht abschließend. Die Optionalen Leistungen können auch für Leistungsphasen, denen sie nicht zugeordnet sind, oder für andere Leistungsbilder vereinbart werden, sofern sie dort keine Regelleistungen darstellen. Die Honorare für Optionale Leistungen können frei vereinbart werden.

Als Praxiserfahrung ergibt sich der Bedarf oder Umfang Optionaler Leistungen erst im Laufe der Projektbearbeitung, sodass eine Kalkulation zu Projektbeginn schwierig und zumeist nicht sachgerecht ist. Dies gilt insbesondere auch für die Außergewöhnlichen Leistungen, die weder in den Regelleistungen noch in den Optionalen Leistungen enthalten sind und in dem nachfolgenden Kapitel 5 beschrieben werden.

Zu den einzelnen Leistungsphasen der Regelleistungen und Optionalen Leistungen kann folgende Erläuterung gegeben werden:

## 4.1 Leistungsphase 1: Grundlagenermittlung

Für die Leistungsphase 1 sind die Leistungen unverändert zur Veröffentlichung AHO-Heft 17, Fassung von Juni 2015, geblieben.

Die „Bestandserfassung vor Ort" ist als Optionale Leistung ausgewiesen, da sie naturgemäß nicht bei allen Objekten anfällt und der Aufwand nicht allgemein geltend erfassbar ist. Dabei wird festgehalten, dass auch für die Optionale Leistung zunächst eine nicht zerstörende, also ausschließlich eine optische und ggf. maßliche Erfassung gemeint ist. Darüber hinausgehende Tätigkeiten gelten als Außergewöhnliche Leistungen. Es wird eine Abrechnung nach Aufwand empfohlen, wobei darauf hingewiesen sei, dass schon die Optionale Leistung eine erhebliche Größenordnung annehmen kann. Dies gilt auch für die weitere aufgenommene Optionale Leistung „Auswerten von übergebenen Bauakten", womit eine Konkretisierung des Leistungsbildes erfolgte.

## 4.2 Leistungsphase 2: Vorplanung

Die Leistungsphase 2 beginnt analog dem Planungsprozess mit dem „Feststellen einschlägiger Rechtsgrundlagen und der wesentlichen materiell-rechtlichen Anforderungen aufgrund der Art, Nutzung, Bauweise, Größe, Nachbarschaft und des gestalterischen

Konzeptes sowie eventuell beanspruchter Abweichungen von bauordnungsrechtlichen Vorschriften" als wesentliche Grundlage für die weitere Bearbeitung.

Der ausdrückliche Hinweis auf bauordnungsrechtliche Vorschriften verdeutlicht, wie bereits der Titel dieser Veröffentlichung, dass andere Rechtsgebiete und ggf. verwandte Planungsbereiche (z.B. Anforderungen des Arbeitsschutzes, des Umweltschutzes oder barrierefreies Bauen) nicht Gegenstand der Leistungen für Brandschutz nach diesem Leistungsbild sind, d.h. auch in den ausgewiesenen Honoraren nicht enthalten sind. Als Schnittstelle zu Anforderungen nach Wasserrecht wird als Regelleistung bei einem Umgang mit wassergefährdenden Stoffen im Rahmen des Feststellens „der wesentlichen materiell-rechtlichen Anforderungen" geklärt, inwieweit ggf. Maßnahmen zur Löschwasserrückhaltung erforderlich werden; in der Optionalen Leistung wird dann auf Basis der zu übergebenden Liste mit Angabe der Wassergefährdungsklasse das Rückhaltevolumen ermittelt. Die Planung von Rückhalteanlagen ist nicht Gegenstand dieses Leistungsbildes.

Das „Erarbeiten der Grundzüge des Brandschutzkonzeptes einschließlich Möglichkeiten beim abwehrenden Brandschutz und Grundlagen für anlagentechnische Maßnahmen" beschreibt in dieser Leistungsphase der Vorplanung auch die Untersuchung alternativer Lösungsmöglichkeiten bei gleicher Nutzungsanforderung. Die Bearbeitung unterschiedlicher Planungsalternativen, insbesondere unterschiedlicher Nutzungsanforderungen, erfordert demgegenüber nach den generellen Regelungen der HOAI eine gesonderte Vereinbarung.

Als Arbeitsergebnis erfolgen ein „Stichpunkthaftes Zusammenstellen der Vorplanungsergebnisse" und nunmehr auch als Regelleistung „Brandschutzskizzen zur Visualisierung der baulichen Maßnahmen und des anlagentechnischen Konzeptes". Diese Unterlagen besitzen nicht die Planungstiefe der „Brandschutzpläne" als Regelleistung der Leistungsphase 4, veranschaulichen aber schon die Grundzüge des Brandschutzkonzeptes. Beispielsweise kann für die Brandschutzskizzen zumeist auf den Eintrag von Türanforderungen verzichtet werden, wohl aber sind Anforderungen und Verlauf von Trennwänden darzustellen. Dieses Arbeitsergebnis kann als anschauliche Grundlage für die Entwurfsplanung der übrigen Planungsbeteiligten und als Basis der Abstimmungen mit Behörden bzw. dem Prüfsachverständigen/Prüfingenieur herangezogen werden.

Als Optionale Leistung ausgewiesen ist die ggf. bei einzelnen Gebäudenutzungen auftretende „Qualitative Analyse der vorgesehenen Nutzung hinsichtlich besonderer Brand- und Explosionsgefahren", die als Arbeitsergebnis abschließt mit dem „Feststellen des Erfordernisses eines Explosionsschutz-Dokumentes". Das Erstellen oder Erarbeiten bzw. auch Mitwirken an diesem Explosionsschutz-Dokument ist nicht Gegenstand dieser Optionalen Leistung, zumal die Bearbeitung auch in der Regel von einem Sonderplaner erfolgt.

Neu geordnet wurde generell auch der Umgang mit Ingenieurmethoden bzw. ingenieurtechnischen Nachweisen. Als Optionale Leistung ist nunmehr formuliert „Feststellen des Bedarfs und Zielstellung eines Entrauchungskonzeptes für spezielle Fragestellungen" und analog „Feststellen des Bedarfs und Zielstellung eines Evakuierungskonzeptes für spezielle Fragestellungen", nicht aber das Erarbeiten oder Erstellen dieser besonderen Dokumente, welche nachfolgend als Außergewöhnliche Leistungen beschrieben sind. Mit dieser Optionalen Leistung ist allerdings erreicht, dass diese besonderen Konzepte mit dem Brandschutzkonzept harmonieren und so die erforderliche Durchgängigkeit besitzen. Dies beinhaltet zumeist auch die Vorgabe eines für die Fragestellung geeigneten bzw. erforderlichen Rechenmodells.

In ähnlicher Weise ist auch die Optionale Leistung „Beraten zum objektspezifischen Bedarf des BIM im Brandschutz" eine fallweise auftretende Leistung. Sofern sich als Ergebnis dieses Beratens eine projektspezifisch tiefere Beschäftigung mit bzw. Anwendung der Planungsmethode BIM ergibt, resultieren die Außergewöhnlichen Leistungen nach Kapitel 5.15 dieser Veröffentlichung.

Die „Ermitteln von Brandlasten vor Ort" ist eine Optionale Leistung, die insbesondere für Industriebauten bei der Anwendung des Rechenverfahrens nach Kapitel 7 DIN 18 230 ansteht. Demgegenüber ist eine Bearbeitung nach Industriebau-Richtlinie Kapitel 6, also ohne Rechenverfahren, eine Regelleistung im Rahmen „bauordnungsrechtlicher Vorschriften". Es wird festgehalten, dass eine entsprechende Brandlastermittlung in der Regel zu einer Optimierung der Brandschutzanforderung für die Gebäude führt und insofern diese Optionale Leistung unmittelbar zu einer erhöhten Wirtschaftlichkeit des Bauens beiträgt.

Ebenfalls im Wesentlichen als Anwendungsbereich im Industriebau entsteht das „Auswerten von übergebenen Listen/Sicherheitsdatenblättern zu brennbaren Flüssigkeiten oder Gefahrstoffen" als Optionale Leistung, sofern eine differenziertere Bewertung nach entsprechenden Klassen oder Mengen erforderlich wird, um das als Grundleistung beschriebene „Feststellen der wesentlichen materiell-rechtlichen Anforderungen" zu unterstützen oder zu ermöglichen.

Mit dem „Teilnehmen an Besprechungen, in denen der Brandschutz nicht gebündelt behandelt wird" als Optionale Leistung wird dokumentiert, dass sich die Honorarkalkulation der Regelleistungen an einer effizienten Koordination und Kommunikation der Brandschutzbelange im Planungsteam orientiert. Dies gilt im Übrigen auch für die weiteren Leistungsphasen 3 und 4, wie auch aus den Vorbemerkungen in Kapitel 1.4 bzw. den generellen Regelungen der HOAI abzuleiten ist. Als Optionale Leistung ist der darüber hinausgehende Aufwand somit – in der Regel – über Einheitspauschalen abzurechnen. Für nochmals darüber hinausgehende besondere Projektkommunikation wird auf die Erläuterungen zu Außergewöhnlichen Leistungen verwiesen.

## 4.3 Leistungsphase 3: Entwurfsplanung

Für die Regelleistung der Leistungsphase 3 stellt das „Erarbeiten eines Brandschutzkonzeptes ggf. unter Berücksichtigung der Wechselwirkung zwischen den baulichen und anlagentechnischen Maßnahmen" den Schwerpunkt und wesentlichen Bestandteil der Regelleistungen dar. Die „Konkretisierung der objektspezifischen Brandschutzanforderungen" verdeutlicht zum einen noch einmal den konkreten Projektbezug und zum anderen die vertiefende Fortführung der Leistungsphase 2. Für die Einzelthemen findet sich in nochmals differenzierter Form in Kapitel 6 ein Themen- und Leistungskatalog, welcher exemplarisch und ohne Anspruch auf Vollständigkeit, aber auch mit dem deutlichen Hinweis, dass ggf. nicht alle Punkte für jede konkrete Projektbearbeitung anstehen, beigefügt ist.

Die Regelleistung des „Mitwirkens bei Abstimmungen mit Behörden, Prüfingenieuren und Prüfsachverständigen, Brandschutzdienststellen und/oder Feuerwehr" erfährt an dieser Stelle eine erstmalige Erwähnung innerhalb des Leistungsbildes. Damit wurde der Praxiserfahrung Rechnung getragen, dass Behördenabstimmungen in der Regel nur auf Basis einer konkret vorbereiteten und dokumentierten Vorplanung durchgeführt werden können, zumal das „Feststellen einschlägiger Rechtsgrundlagen" von jeher im Aufgabenbereich des

Brandschutzplaners liegt, d.h. nicht im Behördengespräch erfragt werden muss. Die Regelleistung kann sich dabei auf die jeweils verbindlich eingeführten bauaufsichtlichen Vorschriften und die zum Bearbeitungszeitpunkt eingeführten technischen Baubestimmungen beschränken. Der ggf. hierbei erforderlichen Auswertung von zu einem anderen Zeitpunkt maßgebenden Vorschriften, z.B. bei Bestandsgebäuden, wird durch die Schwierigkeitsbeiwerte $s_T$ Rechnung getragen. Eine Auswertung nicht eingeführter Regelwerke oder Musterverordnungen wäre fallweise als Außergewöhnliche Leistung auszuweisen.

Als Arbeitsergebnis bereits in den Regelleistungen wurde – wiederum als Reaktion auf Praxiserfahrungen – aufgenommen: „Zusammenstellung wesentlicher Inhalte als Entwurf des textlichen Erläuterungsberichtes zum Stand der Entwurfsplanung", wonach für die übrigen Planungsbeteiligten eine frühzeitige und möglichst detailgenaue Formulierung in Vorgriff auf die Aussagen der Genehmigungsplanung hilfreich und zielführend ist. Die nochmalige Fortschreibung der Brandschutzskizzen ist in dieser Leistungsphase jedoch nicht Gegenstand der Regelleistungen.

Die Optionalen Leistungen befassen sich insbesondere wiederum mit den Ingenieurmethoden und betreffen nunmehr die entsprechenden rechnerischen Nachweise. Wie erwähnt, wird die Durchführung dieser Berechnung als Außergewöhnliche Leistung eingeordnet, da Art und Umfang der Berechnungen projektspezifisch recht unterschiedlich sein können, und in der Regel daher erst im Planungsprozess zu bestimmen sind. Die Optionale Leistung umfasst sowohl für die Brandsimulation als auch für die Evakuierungskonzepte die Koordination mit dem entsprechenden bürointernen oder externen Sonderplaner in der Festlegung der zahlenmäßigen Eingangsgrößen (Szenarien) wie auch der damit zumeist einhergehenden Schutzzielkriterien.

Gelegentlich wird aus Praxiserfahrung vorgetragen, dass auch die Prüfung der Haustechnikplanung, insbesondere im Hinblick auf eine ordnungsgemäße Ausführung der Brandschutzkomponenten, als Optionale Leistung bereits in Leistungsphase 3 aufzunehmen sei. Trotz aller Berechtigung im Einzelfall ist festzuhalten, dass gerade die „Kollisionsprüfung" einen Bestandteil der Regelleistungen der Technischen Ausrüstung nach HOAI Anlage 15 für Leistungsphase 5 darstellt und daher bei den Leistungen für Brandschutz nicht aufgenommen werden kann.

## 4.4 Leistungsphase 4: Genehmigungsplanung

Für die Leistungsphase 4 „Genehmigungsplanung" erfolgte keine Fortschreibung gegenüber den vorherigen Auflagen dieser Fachveröffentlichung. Für das „Erarbeiten des Erläuterungsberichtes" ist mit dem Zusatz „gemäß den jeweils geltenden bauaufsichtlichen Verfahrensvorschriften" eine weitestmögliche Anpassung an die in den einzelnen Bundesländern unterschiedlich festgelegten Anforderungen an die brandschutztechnische Bearbeitung innerhalb der Bauvorlagen dargestellt. Generell kann im Rahmen des Leistungsbildes ebenso nicht auf die teilweise differenzierten Bezeichnungen der einzelnen Bundesländer eingegangen werden, sodass eine übergreifende, einheitliche Begriffsverwendung erfolgt. Grundsätzlich wird der Aufwand für die Bearbeitung der Bauvorlagen in den einzelnen Bundesländern im Expertenkreis der AHO-Fachkommission jedoch nicht so unterschiedlich eingeschätzt, dass eine Differenzierung der Honorierung erforderlich wäre.

Die „Darstellung

- der Rechtsgrundlagen, die der Planung zugrunde liegen,
- des Brandschutzkonzeptes mit den baulichen, anlagentechnischen und organisatorischen Maßnahmen,
- der Erfordernisse zur Wahrung der Belange des abwehrenden Brandschutzes",

beschreibt noch einmal die wesentlichen Inhalte, aber auch in gewisser Weise den Aufbau des Erläuterungsberichts.

Unverändert nehmen „Brandschutzpläne als Visualisierung der baulichen Maßnahmen und des anlagentechnischen Konzeptes" einen wesentlichen Bestandteil der planerischen Leistungen für Brandschutz ein. In diesen Plänen wird durch farbliche Hervorhebungen und zusätzliche textliche Hinweise die grundsätzliche Struktur der baulichen Brandschutzmaßnahmen und -lösungen veranschaulicht. Ziel der Pläne ist es, dass Grundzusammenhänge schnell und einfach erkannt werden. Es werden (und müssen) daher in den Plänen nicht alle Details dargestellt werden, da die Pläne ausschließlich im Zusammenwirken mit dem textlichen Erläuterungsbericht gelten. Üblicherweise werden die Umsetzung des „Abschottungsprinzips" mit Anordnung und Verlauf der raumabschließenden Bauteile/Wände, der Anforderungen an den Öffnungsverschluss und der Grundzüge des Rettungswegekonzeptes visualisiert sowie die vorgesehenen anlagentechnischen Brandschutzmaßnahmen durch Symboleintrag, nicht jedoch in raumgenauer Zuordnung, markiert.

Die „Brandschutzpläne" sind nicht identisch mit den (in der Regel) vom Objektplaner anzufertigenden Baueingabeplänen, sondern sind auf gleicher Plangrundlage erstellt und ergänzen diese in vorgenanntem Sinne. Dabei sind je nach Objektgröße Maßstäbe 1:200 bis 1:500 üblich.

Als Optionale Leistung ausgewiesen ist das „Überprüfen von Bauvorlagen der Objektplanung auf die zutreffende Umsetzung der Brandschutzplanung und auf Übereinstimmung mit dem Erläuterungsbericht". Dies ist ggf. im Interesse eines konsistenten Bauantrages bei komplexen Gebäuden zweckmäßig.

Dies gilt auch für das „Überprüfen der Bauvorlagen zur Lüftungsplanung auf die zutreffende Umsetzung der Brandschutzplanung und Übereinstimmung mit dem Erläuterungsbericht", welches ggf. bereits im bauordnungsrechtlichen Verfahren gefordert wird. Selbstredend beschränkt sich das Überprüfen dabei auf die Belange des Brandschutzes bzw. der im Brandschutznachweis dokumentierten Anforderungen und lässt die vielfältigen weiteren Aspekte der Technischen Ausrüstung unberührt.

Weiterhin aufgenommen wurde eine „Fortschreibung des prinzipiell genehmigungsfähigen Brandschutzkonzeptes, um die Ergebnisse der Vorprüfung der Bauaufsichtsbehörden oder Forderungen des Prüfsachverständigen/Prüfingenieur", damit wurde auf eine zunehmende Praxishandhabung reagiert, welche eine durchgängige Dokumentation der konkretisierten und materiellen Anforderungen sowie auch ggf. weitergehenden Begründung von Abweichungen zum Ziel hat. Da diese Leistung jedoch nicht bei allen Objekten und teilweise im differenzierten Umfang entsteht, ist sie systematisch als Optionale Leistung auszuweisen und separat zu vergüten.

## 4.5 Leistungsphase 5: Ausführungsplanung

Den Erläuterungen voranzuschicken ist, dass die Beauftragung und Bearbeitung der Leistungsphase 5 wesentliche Voraussetzungen zur ordnungsgemäßen Leistungserbringung in Leistungsphase 8 sind; Leistungen der Leistungsphase 8 also nicht sinnvoll und vollständig erbracht werden können, ohne eine vorangegangene Bearbeitung in der Leistungsphase 5.

Dies gilt insbesondere, da gegenüber der Veröffentlichung des AHO-Heftes 17 in der Fassung vom Juni 2015 mit der Einführung eines Musters der Verwaltungsvorschrift „Technische Baubestimmungen MVVTB" bzw. mit deren Umsetzung in den einzelnen Bundesländern das sog. Bauproduktenrecht erheblich an Bedeutung, aber auch an Komplexität gewonnen hat. Dadurch erhöht sich der Aufwand für die bauordnungsrechtlichen Leistungen für Brandschutz deutlich. Daher werden nachfolgend zunächst allgemeine Erläuterungen zu Bauprodukten ausgeführt, wohlwissend, dass diese auch zukünftigen Veränderungen unterliegen werden und somit ein nachhaltig konsistentes, durchgängiges System nicht vorhanden oder zumindest nur bedingt darstellbar ist. Im Anschluss erfolgt eine Zuordnung zu den Regelleistungen bzw. Optionalen Leistungen in der Brandschutzplanung. Außergewöhnliche Leistungen zu diesem Themenkreis sind in Kapitel 5 beschrieben.

### 4.5.1 Allgemeine Erläuterungen zum derzeitigen Bauproduktenrecht

**Bauprodukte** sind Produkte, Baustoffe, Bauteile und Anlagen sowie Bausätze gemäß Art. 2 Nr. 2 der Verordnung (EU) Nr. 305/2011, die hergestellt werden, um dauerhaft in bauliche Anlagen eingebaut zu werden, sowie aus Produkten, Baustoffen, Bauteilen sowie Bausätzen gemäß der vorgenannten Verordnung vorgefertigte Anlagen, die hergestellt werden, um mit dem Erdboden verbunden zu werden und deren Verwendung sich auf die allgemeinen Anforderungen nach Landesbauordnung auswirken kann. Eine **Bauart** ist das Zusammenfügen von Bauprodukten zu baulichen Anlagen oder Teilen von baulichen Anlagen.

Bauliche Anlagen werden aus Bauprodukten hergestellt. Zusammengefügte Bauprodukte können Bauarten sein, jedoch sind ganze Gebäude in der Regel keine Bauarten im Sinne der Bauordnung, obwohl sie aus Bauprodukten zusammengefügt sind. Bauprodukte unterliegen nationalen oder europäischen Regelwerken, die sich in einem kontinuierlichen Veränderungsprozess befinden. Bauarten sind ein nationales Konstrukt ohne europäisches Pendant, um öffentlich-rechtliche Sicherheitsanforderungen zu beschreiben, die an Bauprodukte aufgrund von möglichen Handelsbeschränkungen nicht formuliert werden dürfen. Die Komplexität der Verwendung von Bauprodukten und der Anwendung von Bauarten überschreitet vielfach das Ausbildungswissen von Berufsanfängern und die Regelkenntnisse der am Bau Beteiligten.

Im historischen Abriss (vgl. z.B. Bayerische Bauordnung vom 17.2.1901) war die Wahl des Baumaterials dem Bauherrn anheimgegeben. Standsicherheit, Feuersicherheit und Gesundheit hatte der Bauherr in Bezug auf Dimensionen und Beschaffenheit des Materials zu verantworten. Heute ist die differenzierte Verteilung der Verantwortung ein Grund für notwendige Spezialkenntnisse bei der Verwendung von Bauprodukten und bei der Anwendung von Bauarten. Die Verantwortungskaskade beginnt nach wie vor bei dem Bauherrn und erstreckt sich über Entwurfsverfasser und Fachplaner hin zu den Unternehmern und ggf. dem Bauleiter, also den – entsprechend der MBO – am Bau Beteiligten.

Die übliche produktneutrale Ausschreibung fördert den Wettbewerb und fordert dem Unternehmer ab, die Eignung des angebotenen Baumaterials zu kennen und im Auftragsfall das Material entsprechend zu verwenden. In der Regel nutzen die Unternehmer dazu auch die Kontakte zu Herstellern von Bauprodukten und Bauarten, sofern die Unternehmer nicht selbst Hersteller sind. Produkthersteller und Bauart-Entwickler kennen die Eigenschaften, die Qualitäten und ggf. die Unzulänglichkeiten ihres auf dem Markt angebotenen Baumaterials am besten. Nach europäischem Regelwerk müssen sie dementsprechend die Leistungen und die Klassen der angebotenen Waren deklarieren. Es liegt in der Verantwortung der Unternehmer, bei einer produktneutralen Ausschreibung darauf zu achten, dass die angebotenen Bauprodukte die geforderten Leistungen und Klassen einhalten. Die Verantwortung für die Überwachung liegt beim Bauherrn und den von ihm beauftragten Vertretern.

Zu den wichtigen Entwicklungen nach dem Zweiten Weltkrieg gehören in Europa die angestrebten Ziele des gemeinsamen Handels und der freie Warenverkehr. Die römischen Verträge im Jahr 1957 formulierten dies grundlegend. Entwicklungsschritte – auch für das Baumaterial – waren die EWG, die EG, die EU, die Bauproduktenrichtlinie und aktuell die Bauproduktenverordnung. Konkretisierungen finden sich in harmonisierten europäischen Normen und in den jeweiligen länderspezifischen gesetzlichen Regelungen wie beispielsweise den Landesbauordnungen oder den Verwaltungsvorschriften zu technischen Baubestimmungen. Dieser historische Rückblick ist notwendig für das Verständnis der gegenwärtigen Unsicherheiten. Freier Warenverkehr, bei unterschiedlichen Sicherheitsanforderungen in den europäischen Staaten, sowie die Verantwortung für die Wahl des Baumaterials hängen eng zusammen. Die rechtlichen Grundlagen sind in einem laufenden Entwicklungsprozess, der kein Ende haben wird. Mit den damit verbundenen Unklarheiten müssen alle am Bau Beteiligten leben und dennoch Entscheidungen treffen, denn das Errichten von Gebäuden und die Schaffung von Infrastruktur sind erforderliche Existenzgrundlagen. Es gibt **kein durchgängiges, einfaches und übersichtliches System** zur rechtssicheren Verwendung von Bauprodukten und zur Anwendung von Bauarten.

Bauprodukte und Bauarten sind in einer laufenden Weiterentwicklung. Forschung, Innovation, Rohstoffverfügbarkeit, gesellschaftliche Akzeptanz oder Kosteneffizienz treiben diese Entwicklung an. Täglich gibt es neue Baumaterialien, für deren Einsatz in Bauwerken entsprechende Nachweise zu führen sind und deren dauerhafte Qualität gewährleistet werden muss. Die Landesbauordnungen als Basis der Verwendung von Bauprodukten und Bauarten eröffnen der Produktentwicklung geeignete Wege, um abschließende Nachweise führen zu können. Die Innovation soll möglich bleiben. Dennoch muss das Risiko bei der Verwendung von neu entwickelten Bauprodukten und Bauarten gering sein und die baurechtlichen Schutzziele sind uneingeschränkt zu erreichen – auch mit Neuentwicklungen. Mögliche Nachweise für neue Bauprodukte und Bauarten sind in den Landesbauordnungen beschrieben und eröffnen legale Wege in die Zukunft, wenn der Nachweis über eine bewährte Ausführung in der Praxis noch nicht erbracht werden kann.

### 4.5.2 Regelleistungen für geregelte Bauprodukte und Bauarten

Bauprodukte und Bauarten, die auf der Grundlage von Produkt- und Anwendungsnormen hergestellt und verwendet werden, bedürfen bei ihrem Einsatz auf Baustellen entsprechender Nachweise. Grundlage können sowohl nationale als auch europäische Regelungen sein mit der Einschränkung, dass es nur national geregelte Bauarten gibt. Planung, Verwendung und Überwachung von **geregelten Bauprodukten und Bauarten** gehört zum Standardfall für alle am Bau Beteiligten.

Beispielsweise stellt die Nachweisführung für Bauprodukte oder Bauarten über die DIN-Norm 4102 einen Regelfall dar. Die Einordnung von Konstruktionen nach Tabellen oder die Verwendung von Bauprodukten und Bauarten nach DIN 4102 sowie der Beleg, dass ein bestimmter Tabellenwert zutrifft, gehören zu den regelmäßig zu erbringenden Nachweisen.

Die Leistungserbringung für Nachweise im Rohbau, z.B. für eine Stahlbetonkonstruktion, oder Nachweise zum Ausbau, z.B. für eine Trockenbaukonstruktion, obliegen nicht dem Brandschutzplaner. Üblicherweise können die Feuerwiderstandsnachweise für die tragende Gebäudekonstruktion von der Tragwerksplanung als Fachplanung erbracht werden, z.B. als Nachweis des konstruktiven Brandschutzes für Beton-, Holz- oder Metalltragwerke. Die brandschutztechnischen Anforderungen an den Feuerwiderstand von Konstruktionen im Ausbau hängen eng mit der Ausführungsplanung der Entwurfsverfasser zusammen und sind Teil von deren Honorierung, wie z.B. die Auswahl und Bauleitung von Trockenbau oder Brandschutzabschlüsse wie Türen oder Tore. Für technische Anlagen liegen Planung, Ausschreibung und Bauleitung oft in den Händen von TA-Fachplanern. In den genannten Fällen handelt es sich um Grundleistungen der Entwurfsverfasser oder Fachplaner, die Gegenstand der HOAI sind. Schnittstellen müssen geklärt und festgehalten werden.

Zu den Regelleistungen gehört auch das Mitwirken bei der Feststellung zur Eignung der Nachweise für Bauprodukte, die nach harmonisierten europäischen Normen hergestellt und vertrieben werden. Alle Bauprodukte, die nach harmonisierten europäischen Normen vertrieben werden, müssen eine Leistungserklärung vorweisen. Die Leistungserklärung ist Teil der Nachweisführung für das jeweilige Bauprodukt. Der Vergleich der geforderten Leistung mit der tatsächlichen Leistung eines Bauproduktes bei der Verwendung in einem konkreten Bauwerk gehört zu den Regelleistungen. Dies gilt beispielsweise für die Prüfung von Klassen/Stufen einer Brandschutzklappe nach DIN 15650.

Für die Verwendung von Bauprodukten ist nach Landesbauordnung der Unternehmer verantwortlich. Er hat entsprechende Unterlagen vorzulegen. Nach MBO ist jeder Unternehmer für die mit den öffentlich-rechtlichen Anforderungen übereinstimmende Ausführung der von ihm übernommenen Arbeiten und insoweit für die ordnungsgemäße Einrichtung und den sicheren Betrieb der Baustelle verantwortlich. Er hat die zur Erfüllung der Anforderungen dieses Gesetzes oder aufgrund dieses Gesetzes erforderlichen Nachweise und Unterlagen zu den verwendeten Bauprodukten und den angewandten Bauarten zu erbringen und auf der Baustelle bereitzuhalten. Bei Bauprodukten, welche die CE-Kennzeichnung nach der Verordnung (EU) Nr. 305/2011 tragen, ist die Leistungserklärung bereitzuhalten.

Der hieraus resultierenden Regelleistung wird als „Mitwirken bei der Festlegung der Eignung vorgelegter Übereinstimmungserklärungen von geregelten Bauprodukten und Bauarten für die Einbausituation" Rechnung getragen.

### 4.5.3 Optionale Leistungen für ungeregelte Bauprodukte und Bauarten

Die Herstellung von Bauprodukten und Bauarten jenseits von nationalen oder europäischen Normen hat eine lange Tradition. Nicht genormte Bauprodukte und Bauarten schöpfen aus dem Innovationspotenzial der Hersteller. Die Nachweisführung erfolgt nicht über eine Norm mit beispielsweisen Vorgaben zu Materialien und Abmessungen, sondern über den Nachweis, dass ein hergestelltes Produkt oder eine hergestellte Bauart in der Lage ist, die Schutzziele hinsichtlich der Bauordnung angemessen zu erfüllen. Die Nachweisführung erfolgt üblicherweise über Versuch und Gutachten von Prüfinstitutionen.

Der Nachweis wird also nicht über eine Norm geführt, sondern über den Nachweis der Qualität. Insofern handelt es sich um ein **ungeregeltes Bauprodukt oder um eine ungeregelte Bauart**. Der Beweis der Tauglichkeit wird für diese Bauprodukte und Bauarten auf nationaler Ebene mit „allgemeinen bauaufsichtlichen Zulassungen" (ABZ), „allgemeinen bauaufsichtlichen Prüfzeugnissen" (ABP) oder „allgemeinen Bauartgenehmigungen" (ABG) geführt.

Auf europäischer Ebene können Bauprodukte ebenso gehandelt werden und brauchen für die Verwendung in Deutschland eine europäische technische Bewertung ETA, „European Technical Assessment", da es sich um ein ungeregeltes Bauprodukt handelt. Die ETA benennt die Leistungen des Bauproduktes hinsichtlich seiner wesentlichen Merkmale und ist damit für den Verwender die Grundlage für die Beurteilung, ob die bauaufsichtlichen Anforderungen eingehalten werden können und damit eine rechtssichere Verwendung möglich ist. Damit ein Bauprodukt eine ETA erhält, bedarf es einer technischen Spezifikation, welche die Basis für die ETA darstellt. Diese Spezifikation heißt „Europäisches Bewertungsdokument – EAD" (European Assessment Document). Zuerst muss es also die EAD geben, um anschließend eine ETA ausstellen zu können.

Die Verwendung ungeregelter Bauprodukte oder Bauarten liegt wie bei den geregelten Bauprodukten und Bauarten im Verantwortungsbereich des Unternehmers, da dieser erwartungsgemäß für die eingesetzten Materialien die größte Erfahrung mitbringt. Ungeachtet dessen gibt es bei ungeregelten Bauprodukten und Bauarten wiederkehrende Fragestellungen zur Verwendung und Anwendung. Diese Leistungen kann der Brandschutzplaner erbringen. Diese Leistung ist optional und bedarf einer Vereinbarung zur Vergütung der zu erbringenden Beratungsleistung.

Die Bezeichnung „ungeregelte Bauprodukte und Bauarten" gilt primär für die Herstellung und damit für den Hersteller. Das bedeutet nicht, dass es für die Verwendung von Bauprodukten und für die Anwendung von Bauarten keine Regeln gäbe. Somit sind Planung, Bauleitung und Bauüberwachung hinsichtlich ungeregelter Bauprodukte und Bauarten kalkulierbar. Es ist denkbar, die Optionale Leistung „Beratungs- und Mitwirkungsleistung für ungeregelte Bauprodukte und Bauarten" als Einheitspreis je Bauprodukt oder je Bauart zu vereinbaren.

Das Leistungsbild formuliert die Optionale Leistung als „Mitwirken bei Feststellung der Eignung vorgelegter Verwendbarkeits- oder Anwendbarkeitsnachweise von ungeregelten Bauprodukten und Bauarten für die Einbausituation". Über die vorstehend betrachteten Optionalen Leistungen hinaus können auch Fallgestaltungen an Außergewöhnlichen Leistungen auftreten, die in Kapitel 5 erläutert werden.

### 4.5.4 Weitere Leistungen in der Ausführungsplanung

Neben der vorstehenden Erläuterung der insbesondere aus dem Bauproduktenrecht resultierenden Regelleistungen und Optionalen Leistungen sind für die Leistungsphase 5 Ausführungsplanung folgende Hinweise zu geben.

Das „Prüfen der Baugenehmigung auf einen ggf. gebotenen Widerspruch" entspricht einer stetigen Anforderung der Praxis, da selbst bei intensiver Vorabstimmung im Ämterumlauf Genehmigungsauflagen entstehen, die über das Brandschutzkonzept im Bauantrag hinausgehen. Hier kann allein der Brandschutzplaner eine fachtechnische Abwägung vornehmen, inwieweit diese Auflagen berechtigt sind oder ein Widerspruch mit entsprechender Begründung zu empfehlen ist.

Die weitere Regelleistung in der Formulierung „Beraten bei Anfragen der Objekt- und Fachplaner hinsichtlich der integrierten brandschutztechnischen Fachleistung auf Basis des genehmigten Brandschutzkonzeptes einschließlich der Auflagen durch die Genehmigung" präzisiert zum einen, dass die Aktivität hier von den Objekt- oder Fachplanern ausgeht, keinesfalls also eine „Holschuld" des Brandschutzplaners besteht und die Verantwortlichkeit der Objekt- und Fachplaner für die Koordination mit sonstigen Planungsanforderungen bis zur ausführungsreifen Lösung unberührt bleibt. Zum anderen wird klargestellt, dass auch die Auflagen aus der Genehmigung Grundlagen für die Ausführungsplanung darstellen und in die Bearbeitung des Brandschutzplaners aufgenommen und integriert werden müssen.

In der Regel sind für diese Leistungen keine Außentermine erforderlich.

Mit dem Begriff des „Mitwirkens an der Koordination der Fachplanung an brandschutzrelevanten Schnittstellen" wird gemäß dem allgemeinen HOAI-Sprachgebrauch verdeutlicht, dass die Federführung hier in anderen Leistungsbildern liegt.

Bei der weiteren Regelleistung „Prüfen, inwieweit zusätzliche genehmigungspflichtige Sachverhalte entstanden sind" liegt die Federführung nunmehr beim Brandschutzplaner, der die Anfragen und damit zugehenden Planänderungen im Hinblick auf deren ggf. genehmigungspflichtige Relevanz beurteilt. Dies dient der Planungs- und Rechtssicherheit des Bauvorhabens, wenngleich als Regelleistung in dieser Leistungsphase lediglich die Bewertung bzw. der entsprechende Hinweis erfolgt, da die Entscheidung über ein anzustrengendes weiteres Genehmigungsverfahren in der Regel bei der Bauherrschaft liegt und dann eine Wiederholung der Leistungsphase 4 und ggf. Leistungsphase 3 auslöst.

Wie in der Leistung „Zusammenstellung der Ergebnisse" beschrieben, ist das Arbeitsergebnis dieser Leistungsphase eine Zusammenstellung von Einzelberichten zu den vorstehend erläuterten Anfragen und Themen. Eine ganzheitliche Fortschreibung des Brandschutznachweises im Sinne einer Gesamtdokumentation ist nicht Gegenstand der Regelleistung.

Die Leistungen beziehen sich insgesamt dabei auf eine unveränderte Planungsgrundlage, d.h., dass wesentliche Änderungen der Planungsgrundlagen und Raumprogramm etc. analog den allgemeinen Regelungen der HOAI ggf. als Wiederholungsleistungen früherer Leistungsphasen zu bewerten und zu vergüten sind. Dies gilt insbesondere für die sog. Mieterplanung, sofern diese nicht bereits auf Basis der vorangegangenen Leistungsphasen dem genehmigten Brandschutzkonzept entspricht, sondern veränderte Randbedingungen oder eine individuelle Konkretisierung von Brandschutzanforderungen betrifft.

Das als Optionale Leistung ausgewiesene „Prüfen von Ausführungsplänen und Montageplänen der Objekt- und Fachplaner hinsichtlich des baulichen Brandschutzes" dient noch einmal zur schärferen Abgrenzung gegenüber den Regelleistungen.

Mit dem „Mitwirken beim Erstellen einer gesonderten Bauvorlage zur Lüftungsanlage" wurde einer Praxisanforderung Rechnung getragen, dieses in einzelnen Bundesländern auf Basis der Lüftungsanlagen-Richtlinie (in der Regel durch die Fachplaner der Technischen Ausrüstung) zu erstellende Dokument durch fachtechnische Brandschutzbeiträge zu unterstützen bzw. die Übereinstimmung mit dem Brandschutzkonzept festzustellen.

Gegenüber der Veröffentlichung vom Juni 2015 wurden einzelne Optionale Leistungen gestrichen, da diese entweder in der Praxis relativ selten angefragt wurden oder in einem entsprechend komplexeren Zusammenhang der Außergewöhnlichen Leistungen stehen.

### 4.5.5 Leistungen zur Brandfallsteuertabelle bzw. gewerkeübergreifenden Brandschutzmatrix

Für die Leistungen im Zusammenhang mit der „Steuermatrix", dem „Wirkprinzipschema" oder ähnlicher Themenfelder muss zunächst festgestellt werden, dass in der Praxis eine einheitliche Definition oder gar Verwendung der Begriffe leider nicht erfolgt und auch ein Bezug auf bauordnungsrechtliche Vorschriften oder technisches Regelwerk nur sehr bedingt möglich ist. Im Zusammenhang mit dem Leistungsbild und Honorarermittlungen für Brandschutz musste daher bereits in früheren Auflagen eine eigene Differenzierung und Zuordnung vorgenommen werden, die wie folgt beibehalten wird:

- **Matrix-Grobkonzept**

  Als Festlegung der grundlegenden funktionalen, steuerungstechnischen Zusammenhänge, wie Alarmierungsbereiche, Alarmierungs- und Evakuierungsabfolgen, Ansteuerung von Aufzügen, Fahrtreppen, Beschallungsanlagen etc. Dieses erste Niveau wird in der Regel in einer allgemeinen, beschreibenden Form erstellt und soll in der bauaufsichtlichen Prüfung eine Beurteilung des brandschutztechnischen Standards ermöglichen.

  Es ist daher Regelleistung der Leistungsphase 4 und dementsprechend im Brandschutznachweis aufzunehmen, vgl. auch Kapitel 6.

- **Brandfallsteuertabelle**

  Die Detaillierung der funktional beschriebenen Abhängigkeiten erfolgt in Form einer Tabellendarstellung als Zuordnung, welche Situation bzw. welches Ereignis zu welcher Reaktion führen soll. Die Tabelle ist für Funktionsbereiche und ggf. jeden Alarmierungsbereich, nicht aber bezogen auf die Meldegruppe oder gar die einzelnen Melder aufzubereiten. Als Basis hierfür wird durch den Fachplaner der Technischen Ausrüstung eine Anlagen- und Komponentenzusammenstellung übergeben.

  Diese Bearbeitung soll als Regelleistung der Leistungsphase 5 erfolgen.

- **Gewerkeübergreifende Brandschutzmatrix**

  In diesem Niveau werden die Komponenten-Identifikationsnummern der einzelnen Melder und Aktoren genau benannt und das jeweilige Matrixelement mit den einzelnen Komponenten zugeordnet. Die gewerkeübergreifende Brandschutzmatrix ist die Grundlage für die Programmierung der gesamten brandschutztechnischen Steuerungstechnik. Sie wird in der Regel durch den Fachplaner der Technischen Ausrüstung erarbeitet (vgl. Anlage 15, Leistungsphase 3 HOAI sowie AHO-Heft 6 „Optionale Leistungen bei der Planung von Anlagen der Technischen Ausrüstung").

  Als Optionale Leistung im Brandschutz kann das Mitwirken bei der Erstellung dieser gewerkeübergreifenden Brandschutzmatrix erfolgen, wobei Inhalt und Umfang dieses Mitwirkens einer vertraglichen Regelung bedürfen.

## 4.6 Leistungsphase 6: Vorbereiten der Vergabe

Für die Leistungsphase 6 „Vorbereiten der Vergabe" wurde wie bisher das „Beraten der Objekt- und Fachplaner bei der Erstellung der brandschutztechnischen Teile des Leistungsverzeichnisses" als Optionale Leistung ausgewiesen, da diese Leistung als Erkenntnis aus früheren Fassungen dieser Schriftenreihe nicht regelmäßig bei allen Projekten angefragt wurde und damit nicht eine Regelleistung rechtfertigt. Als weitere Optionale Leistung ist das „Prüfen von definierten brandschutztechnischen Teilleistungen im Leistungsverzeichnis" aufgenommen und setzt voraus, dass seitens des Objekt- oder Fachplaners konkrete Anfragen zu entsprechenden Auszügen des Leistungsverzeichnisses formuliert werden.

## 4.7 Leistungsphase 7: Mitwirken bei der Vergabe

Auch in der Leistungsphase 7 wurde praxisgerecht eine Verlagerung der Leistung „Beraten der Objekt- und Fachplaner bei der Auswertung der brandschutzrelevanten Teile des Leistungsverzeichnisses" in die Optionale Leistung beibehalten, sodass auch hier keine Regelleistungen anstehen.

## 4.8 Leistungsphase 8: Objektüberwachung (Bauüberwachung)

In der Leistungsphase 8 „Objektüberwachung (Bauüberwachung)" wurde aufgrund positiver Praxiserfahrungen die bereits in der Fassung dieser Veröffentlichung aus dem Jahr 2009 aufgezeigte Systematik fortgeführt und weiter konkretisiert, sodass trotz der zum Teil nach wie vor unterschiedlichen Anforderungen und Begriffe einer „Fachbauleitung Brandschutz" in den einzelnen Bundesländern ein sinnvoller und zweckmäßiger Leistungsumfang und Aufgabenstellung dargestellt sind.

Unverändert wird festgestellt, dass eine sehr unterschiedliche Begriffsverwendung im bauordnungsrechtlichen gegenüber dem zivilrechtlichen Bauüberwachungsbereich erfolgt. Schon der Begriff „Bauleiter" birgt manche Verwechslungsgefahren, sodass zutreffender vom „Bauleiter nach Bauordnung" zu sprechen wäre.

Die HOAI 2021 beschreibt in Anlage 10.1 die Leistungen der Bauüberwachung Leistungsphase 8 im Leistungsbild Gebäude- und Innenräume recht umfassend. Neben der „Überwachung der Ausführung des Objektes auf Übereinstimmung mit der öffentlich-rechtlichen Genehmigung oder Zustimmung, den Verträgen mit ausführenden Unternehmen, den Ausführungsunterlagen, den einschlägigen Vorschriften sowie mit den allgemein anerkannten Regeln der Technik" sind dort weitere Aufgaben der Koordinierung, Terminplanung, des Aufmaßes und der Kostenkontrolle etc. ausgewiesen. Als Besondere Leistung ist die „Tätigkeit als verantwortlicher Bauleiter, sofern diese Tätigkeit nach jeweiligem Landesrecht über die Grundleistungen der LPH 8 hinausgeht" beschrieben.

Trotz dieses umfangreichen Katalogs verbleiben für das Spezialgebiet des Brandschutzes Aufgaben, die nur mit spezifischem Fachwissen und vertieften Kenntnissen im Brandschutz bearbeitet werden können, sodass die Notwendigkeit resultiert, diese Schnittstellen auch unter dem Aspekt einer effizienten und wirtschaftlichen Unterstützung festzulegen.

### 4.8.1 Differenzierung der Leistungstiefen

Aus diesen Überlegungen resultierte eine Differenzierung in drei Leistungstiefen, die nunmehr als **„Niveau"** in folgender Zuordnung definiert werden.

- Niveau 1 als Regelleistung in der Prüfung auf „prinzipielle Übereinstimmung"
- Niveau 2 als Optionale Leistung einer „systematisch-stichprobenartigen Kontrolle"
- Niveau 3 als Außergewöhnliche Leistung der „baubegleitenden Qualitätskontrolle"

In dieser Differenzierung kann die jeweils **geschuldete Leistung** für die einzelnen Niveaus sehr gut und eindeutig definiert werden.

**Niveau 1: Prinzipielle Übereinstimmung**

Durch eine Kombination von Ortsbegehung und der Einsichtnahme in vorgelegte Nachweise zur Übereinstimmung und/oder zur Verwendbarkeit der Bauprodukte und Anwendbarkeit der Bauarten erfolgt eine Plausibilitätskontrolle, bei welcher Veränderungen gegenüber dem Brandschutzkonzept erkannt und dokumentiert werden. Die Bearbeitung basiert auf „vorgelegten" Unterlagen und berücksichtigt stets die Verantwortlichkeit der übrigen Baubeteiligten für eine ordnungsgemäße, den allgemein anerkannten Regeln der Technik und Bauvorlagen entsprechenden Ausführung. Folgerichtig werden auch die Prüfberichte der Sachverständigen nach den jeweiligen Prüfverordnungen der Länder ausschließlich daraufhin ausgewertet, ob sie eine abschließende Betriebssicherheit und Wirksamkeit bestätigen.

In effizienter Weise wird erkannt, inwieweit eine Fortschreibung des Brandschutznachweises bzw. Änderung der Genehmigung erforderlich sind.

Dieses Niveau wird mit den **Regelleistungen** des Leistungsbildes für bauordnungsrechtlichen Brandschutz erreicht.

Eine Bestätigung der Umsetzung des Brandschutznachweises bedarf der zusätzlichen Beauftragung des Niveaus 2.

**Niveau 2: Systematisch-stichprobenartige Kontrolle**

Ergänzend zu dem Umfang von Niveau 1 erfolgt eine Prüfung einzelner brandschutzrelevanter Bauprodukte und -arten auf übereinstimmende Ausführung mit den einschlägigen Nachweisen über die Verwendbarkeit. Die Auswahl der Stichproben orientiert sich dabei an Bauteil-Typen, welche anhand der Ausführungsplanung oder spezieller Listen ausgewiesen sind. Diese nachvollziehbare Systematik deckt also regelmäßig wiederkehrende Bauteile ab, arbeitet zugleich aber auch im Objekt etwa vorhandene Sonderlösungen heraus, welchen objektspezifisch eine besondere brandschutztechnische Relevanz zukommt oder die eine sorgfältige Prüfung erfordern. Auch die Prüfberichte der Sachverständigen nach Prüfverordnung der Länder werden intensiver durchgearbeitet und die dort dokumentierten Feststellungen im Detail mit den Vorgaben des Brandschutznachweises abgeglichen. Fehlerhafte Brandschutzausführungen können mit effizientem und vertretbarem Aufwand gezielt und frühzeitig abgestellt werden.

Der hier definierte Leistungsumfang wird als insgesamt notwendig, aber auch ausreichend bei der Fachbauleitung von Sonderbauten bewertet, insbesondere wenn z.B. durch eine Bauauflage eine Bescheinigung zur Umsetzung des Brandschutznachweises gefordert wird.

Dieses Niveau wird als **Optionale Leistung** im Leistungsbild definiert.

### Niveau 3: Baubegleitende Qualitätskontrolle

Hier wird ergänzend zu den vorgenannten Niveaus 1 und 2 eine vollständige Prüfung aller Bauprodukte und -arten auf ordnungsgemäße Übereinstimmung mit den entsprechenden Eignungsnachweisen vorgenommen. Gegebenenfalls werden hierzu bei einzelnen Bauteilen auch zerstörende Prüfungen (die in Niveau 2 eher den Ausnahmefall darstellen) vorgenommen. Der Fachbauleiter nimmt an den Prüfungen der Sachverständigen nach den Prüfordnungen der Länder teil bzw. ist zumindest zeitweise anwesend, um etwaige Mängel im anlagentechnischen Brandschutz zu erfahren und deren Beseitigung zu unterstützen. Als Schnittstelle zu den Brandschutzbeauftragten erfolgt eine Abstimmung der betrieblich-organisatorischen Maßnahmen.

Diese vollständige Prüfung ist bei Bauvorhaben entsprechender Größe praktisch ausschließlich mit einer ständigen Anwesenheit des Fachbauleiters auf der Baustelle leistbar. Nur auf diese Weise kann letztlich eine ganzheitliche Bescheinigung über die Brandschutzmaßnahmen gegeben werden.

Wegen des resultierenden Aufwandes wird sich dieses Niveau auf einige besondere Fallgestaltungen und Objekte beschränken und damit eine **Außergewöhnliche Leistung** darstellen, die noch deutlich über die beschriebenen Optionalen Leistungen hinausgeht. Insbesondere für die Leistungen des Niveaus 3 ist der Umfang der Leistungspflicht im Vertrag besonders ausführlich zu fassen.

## 4.8.2 Abgrenzung der Regelleistungen

Eine weitere Konkretisierung und Zuordnung der vorgenannten Leistungsniveaus zu den wesentlichen Brandschutzthemen ist in der tabellarischen Aufbereitung in Kapitel 6 beigefügt. Diese wurde auch unter Beteiligung von Vertretern der technischen Prüforganisationen erarbeitet und definiert damit gleichermaßen die abgestimmten Schnittstellen zwischen den Leistungen des „Brandschutzplaners" gegenüber den Sachverständigen nach den Prüfverordnungen der Länder.

Es wird darauf hingewiesen, dass es stets einer einzelvertraglichen Festlegung mit dem Bauherrn über den erforderlichen Aufgabenumfang bzw. der Leistungstiefe bedarf. Das vorgelegte Leistungsbild legt als Regelleistung das Niveau 1 „Prinzipielle Übereinstimmung" zugrunde. In der entsprechenden werkvertraglichen Vereinbarung sollten aber zur Abgrenzung ebenso die Niveaus aufgenommen werden, die nicht Gegenstand der Beauftragung bzw. des Leistungsumfangs sind (Negativvermerk).

Insofern können das Leistungsbild sowie der in Kapitel 6 beigefügte Themen- und Leistungskatalog als ideale Bezugsbasis für die werkvertragliche Vereinbarung herangezogen werden.

Das Leistungsbild begrenzt – wie auch andere Leistungsbilder der HOAI 2021 – die Regelleistungen in der Zahl der Termine und weist hier bis zu drei Begehungseinheiten aus. Die Dauer bzw. der Umfang dieser „Begehungseinheiten" richtet sich dabei nach der Größe des Projektes und kann sich jeweils auf einige Stunden bei kleineren Objekten, aber auch mehrere Tage bei Großprojekten erstrecken. Als sinnvoller Zeitpunkt für die Durchführung dieser Begehungseinheiten wird der Beginn des technischen Ausbaus, die Endphase der Baumaßnahme und eine Begehung im Zusammenhang mit der bevorstehenden Inbetriebnahme angegeben.

Die Vorbereitung dieser Begehungseinheiten in der Auswertung der zu übergebenden Unterlagen und die Dokumentation in der Nachbereitung erfordern aus Praxiserfahrung einen erheblichen Zeitaufwand, der auch mit der Projektgröße üblicherweise überproportional ansteigt.

Das Leistungsbild setzt voraus, dass entsprechend der vorstehenden Verantwortlichkeit der Unternehmer die entsprechenden Dokumente in systematisch geordneter Form zur Verfügung gestellt werden und eine lediglich „Einmalige Plausibilitätskontrolle der vorgelegten Nachweise für geregelte Bauprodukte und Bauarten sowie Erklärungen zum baulichen Brandschutz" erforderlich wird. Darüber hinausgehende Aufwendungen sind als Optionale Leistungen vertraglich besonders zu vereinbaren. Auch die Sachverständigenbescheinigungen betreffend beschränken sich die Regelleistungen auf das „Prüfen der Sachverständigenbescheinigungen oder Sachkundigenbestätigungen hinsichtlich der Feststellung der Wirksamkeit und Betriebssicherheit für sicherheitstechnische Anlagen und Einrichtungen", sodass insbesondere die Umsetzung des Brandschutzkonzeptes im Hinblick auf den anlagentechnischen Brandschutzes ausreichend festgestellt werden kann. Die Kontrolle einer etwa erforderlich werdenden Mängelbeseitigung verbleibt im Verantwortungsbereich der Sachverständigen und Sachkundigen.

Eine weitere Regelleistung ist das „Mitwirken bei der Vorbereitung von behördlichen Prüfungen/Begehungen und die Teilnahme daran", zumal erfahrungsgemäß ausschließlich in dieser Weise die in der Regel erforderliche Rückkoppelung mit den Behörden gewährleistet werden kann.

Das Leistungsbild für die Regelleistungen – vorstehend „Niveau 1" – der Leistungsphase 8 schließt im Arbeitsergebnis mit dem „Erstellen eines Statusberichtes einschließlich Bewerten der Möglichkeiten für die Inbetriebnahme". Die hier geschilderte Leistung liegt also in der Dokumentation, nicht jedoch in der Überwachung oder gar Gewährleistung der Mängelfreiheit, die grundsätzlich nicht dem Aufgabenbereich und der Verantwortlichkeit des Brandschutzplaners zugeordnet werden kann.

Gleichzeitig wird auf eine konkrete Praxisanforderung reagiert, die eine fachtechnisch qualifizierte Bewertung benötigt, ob und ggf. unter welchen Voraussetzungen eine Inbetriebnahme des Gebäudes vorab und/oder vorläufig möglich ist, wenngleich eine vollständige Fertigstellung einzelner Brandschutzmaßnahmen noch nicht erreicht wurde.

### 4.8.3 Optionale Leistungen

Die Optionalen Leistungen – vorstehend als „Niveau 2", entsprechend einer systematisch-stichprobenartigen und ggf. zerstörenden Kontrolle von baulichen Brandschutzmaßnahmen bezeichnet – dieser Leistungsphase können als notwendiger Umfang entsprechend einer bauaufsichtlichen Anforderung bzw. Genehmigungsauflage für ein Einzelobjekt erforderlich werden. In jedem Fall generieren sie einen Mehrwert für den Bauherrn, indem sie ein höheres Niveau der Brandsicherheit gewährleisten.

Entsprechend der bereits für Leistungsphase 5 beschriebenen Systematik zur Umsetzung des Bauproduktenrechts ist die „Kontrolle der vorgelegten Nachweise für ungeregelte Bauprodukte und Bauarten sowie Erklärungen zum baulichen Brandschutz" eine Optionale Leistung, welche im konkreten Objekt einen nennenswerten Aufwand bedeuten kann und daher zweckmäßig zu Einheitspreisen vereinbart werden soll.

Weiterhin gehört hierzu das „Mitwirken bei der fachtechnischen Abnahme von Sonderbauteilen, Anlagen und Einrichtungen zur Feststellung von Mängeln", welches nachfolgend in Kapitel 6 noch weiter für die einzelnen Brandschutzkomponenten differenziert wird.

Auch das „Mitwirken bei der Prüfung der Brandfallsteuertabelle oder gewerkeübergreifenden Brandfallmatrix" ist als Optionale Leistung sinnvoll und ggf. erforderlich, da hier in besonderem Maße die Kenntnis des objektspezifischen Brandschutzkonzeptes einfließt.

In diesem Zusammenhang kann ggf. auch das „Prüfen von Feuerwehrplänen bzw. Flucht- und Rettungswegplänen als Maßnahmen des betrieblich-organisatorischen Brandschutzes" sinnvoll oder erforderlich werden. Das Erstellen dieser Planunterlagen und auch ggf. weitere Tätigkeiten sind Gegenstand der Außergewöhnlichen Leistungen, wie in nachfolgendem Kapitel 5 beschrieben.

Dies gilt umso mehr für eine Leistungstiefe im „Niveau 3", mit der in Kapitel 6 ausgewiesenen Differenzierung, welche eine nochmals rezente Steigerung des Aufwandes bedeutet und daher auf spezifische Einzelobjekte beschränkt bleiben wird.

# 5 Außergewöhnliche Leistungen in der Brandschutzplanung

In vorstehendem Leistungsbild wurden Regelleistungen und Optionale Leistungen für den Bereich des Brandschutzes beschrieben und eine Honorarempfehlung für die Regelleistung zu den einzelnen Leistungsphasen gegeben. Darüber hinaus haben sich zwischenzeitlich vielfältige weitere Planungsleistungen in der Praxis entwickelt, die häufig, aber nicht in jedem Objekt, auftreten und daher nicht in das vorstehende Leistungsbild eingebunden und bepreist werden können, demnach also fallweise zusätzlich zu vergüten sind.

Art und Umfang dieser Leistungen gestalten sich im Einzelfall durchaus unterschiedlich und können von einer „ergänzenden Stellungnahme" bis nahezu einem eigenen Leistungsbild reichen. Häufig werden diese Leistungen auch von einem besonders spezialisierten Personenkreis erstellt und lediglich vom Konzeptersteller in der Brandschutzplanung koordiniert bzw. in diese eingebunden.

Nachfolgend werden diese zusätzlichen Leistungen im Inhalt skizziert sowie erläutert, wann ggf. Bedarf an diesen Leistungen besteht, welcher Mehrwert dadurch für die Gesamtplanung resultiert und welcher Honoraransatz üblich ist.

## 5.1 Bauproduktenrecht

Wie bereits in Kapitel 4.5 dargestellt, können für Bauprodukte und Bauarten mit besonderen Nachweisformaten auch Außergewöhnliche Leistungen in der Brandschutzplanung auftreten, die nachfolgend erläutert werden.

Wiederkehrend kommt es zu Fragestellungen bei Bauprodukten und Bauarten, die nicht durch eine Norm, ein ABZ, ein ABP oder eine ABG nachgewiesen werden können, sondern eines besonderen Nachweisformates bedürfen. Die Landesbauordnungen haben dafür die Zustimmung im Einzelfall (ZIE) oder die vorhabenbezogene Bauartgenehmigung (VBG) vorgesehen. In beiden Fällen ist die genehmigende Instanz die jeweilige oberste Bauaufsichtsbehörde.

Bei der Beratung und Vorbereitung zur Erlangung einer ZiE oder einer vBG können Brandschutznachweisersteller unterstützen. Es geht dabei um die Einhaltung entsprechender Verfahrensregeln, die zeitliche Koordination von beteiligten Stellen, die Beratung zu Alternativen oder die Beratung zu möglichen Leistungserbringern. Vorteile für den Bauherrn können die Exklusivität einer Planung, die Lösungsfindung in scheinbar ausweglosen Situationen oder eine Kostenbetrachtung sein.

Mit dem Abbau von Handelshemmnissen in Europa wurden in Deutschland Regelungen eliminiert, die aus nationaler Sicht für die Bauwerksicherheit notwendig waren. Die sicherheitstechnische Qualität von Bauprodukten wird über wesentliche Merkmale definiert. Europäische Normen bestimmen abschließend die möglichen wesentlichen Merkmale und darunter fallen auch die sicherheitstechnischen Merkmale.

Aus deutscher Sicht werden diese abgeschlossenen Merkmalslisten von europäischen Normen teilweise als defizitär erachtet. Eine Nachregelung durch zusätzliche Produktanforderungen verbietet die EU. Nachdem keine zusätzlichen Anforderungen an Bauprodukte gestellt werden dürfen, werden in Deutschland Sicherheitsanforderungen an das Bauwerk geknüpft. Bislang hat die EU diesem Vorgehen nicht widersprochen. In Deutschland werden über 80 europäische Normen als defizitär eingestuft wegen des Fehlens wesentlicher Merkmale. Sowohl wesentliche Merkmale europäischer Normen sind einzuhalten als auch zusätzliche Sicherheitsanforderungen an das Bauwerk. Die Instrumente dafür sind die Prioritätenliste des Deutschen Instituts für Bautechnik und der richtige Umgang mit freiwilligen Herstellererklärungen. Es ist eine komplexe Aufgabe, diese Regelzusammenhänge zu erkennen und an der Auswahl geeigneter Bauprodukte für ein Bauwerk mitzuwirken. Zweifelsfrei stellen die Mitwirkung und Beratung einer ZIE, einer vBG oder von freiwilligen Herstellererklärungen eine Außergewöhnliche Leistung dar, die gesondert zu vereinbaren und zu vergüten ist. Sofern sich in diesem Zusammenhang ingenieurmäßige Methoden eignen sollten, resultieren weitere Außergewöhnliche Leistungen, wie in nachfolgenden Kapiteln noch beschrieben wird.

Als geeignetes Abrechnungsmodell für Außergewöhnliche Leistungen im Zusammenhang mit dem Bauproduktenrecht bietet sich eine aufwandsbezogene Honorierung nach zu vereinbarenden Tages- oder Halbtagessätzen an. In Fällen, welche durch die Abwandlungen bereits vorhandener Zustimmungen im Einzelfall oder vorhabenbezogener Bauartgenehmigungen erfasst werden können, sind auch Pauschalierungen sinnvoll. Für innovative Ansätze, z.B. im Bereich der Produktentwicklung, die ggf. in eine Patentierung münden, mag auch eine prozentuale Partizipation am Erfolg sinnvoll sein.

## 5.2 Spezielle Ausführungs- und Konstruktionsdetails

Das Erarbeiten der Ausführungsplanung mit allen für die Ausführung notwendigen Einzelangaben liegt entsprechend der HOAI im Leistungsbild der Objektplanung (Anlage 10 zu § 34). Werk- und Montageplanungen sind regelmäßig Nebenleistungen des Unternehmers.

Im Zuge dieser Ausführungs- oder Werk- und Montageplanungen kann es Beratungsbedarf in Bezug auf brandschutztechnische Fragestellungen geben.

Wenn die geplante Ausführung nicht über einen bestehenden Verwendbarkeits- oder Anwendbarkeitsnachweis bzw. eine bestehende Technische Regel nachgewiesen ist, stellt die Beratung eine Außergewöhnliche Leistung dar. Die Beratung auf der Grundlage bestehender Verwendbarkeits-/Anwendbarkeitsnachweise bzw. bestehender Technischer Regeln ist in der Regelleistung der Leistungsphase 5 bzw. die Prüfung der vorgelegten Ausführungsdetails als Optionale Leistung der Leistungsphase 5 enthalten.

Dem Brandschutzplaner obliegt dabei insbesondere die Bewertung der Wirksamkeit der gewählten Konstruktion in Bezug auf die objektspezifischen Anforderungen, die sich aus der Baugenehmigung und/oder dem genehmigten Brandschutznachweis ergeben haben.

Außergewöhnlich sind auch die ggf. notwendigen Beiträge des Brandschutzplaners zum Erlangen eines Verwendbarkeits- oder Anwendbarkeitsnachweises in Form einer ZiE oder vBG.

Ergibt sich aus dem gewählten Ausführungsdetail unter Beibehaltung der Schutzziele ein Anpassungsbedarf des Brandschutznachweises, ist dies eine wiederholte Leistung im Rahmen der Leistungsphase 4.

Die Schnittstelle der Leistungserbringung liegt und verbleibt grundsätzlich in der Verantwortung des jeweiligen Planungsverantwortlichen (Tragwerksplanung, Objektplanung, TGA-Planung, Fassadenplanung, Außenanlagenplanung etc.).

Das Honorar ist individuell zu kalkulieren und kann nicht anhand der Bauwerte oder der Gebäudegröße oder der Nutzung abgeleitet werden, eine Kalkulation zu Tages- oder Halbtagessätzen hat sich als zielführend erwiesen.

## 5.3 Verwendung nachwachsender Rohstoffe

Aus den gesellschaftlich und politisch geförderten Zielen des Klimaschutzes resultieren völlig neue Planungsaufgaben in der Verwendung von nachwachsenden Rohstoffen, sog. Nawaros. Da es sich hierbei zumeist um brennbare Baumaterialien handelt, entstehen auch gerade für die Brandschutzplanung besondere Herausforderungen, die sich nicht allein auf einen Beitrag zu spezifischen, brandsicheren Konstruktionsdetails beschränken, sondern eine stetige interaktive Risikobewertung im brandschutztechnischen Gesamtkonzept erfordern. Die Leistungen entstehen demnach auch nicht mit dem Schwerpunkt der Ausführungsplanung, sondern setzen viel früher ein und bilden bereits bei ersten Projektüberlegungen die Grundlage für deren generelle Machbarkeit.

Da nachwachsende Rohstoffe nicht bzw. eher selten als tragende Bauteile, sondern eher als Dämm- und Füllstoffe eingesetzt werden, sind besondere Fragen der Zündneigung, Brandausbreitung, Glimmen und Schwelen etc. sachgerecht zu bewerten und dabei zu berücksichtigen, dass diese sowohl als brennbare Oberfläche wie auch in (verdeckten) Hohlräumen eingesetzt werden sollen.

Weil zurzeit vielfach noch keine bewährten Praxislösungen vorliegen, erfordert die zutreffende Bewertung des Brandverhaltens eine Spezialkenntnis und die Fähigkeit, verfügbare Versuchsergebnisse zu übertragen bzw. zu entscheiden, wo weiterer Forschungs- und Entwicklungsbedarf geboten ist.

In gewisser Weise können auch die vielfältigen Systeme des modernen Ingenieur-Holzbaus der Gruppe der Nawaros zugeordnet werden, da auch hier teilweise ein besonderes Brandverhalten vorliegt. Beispielsweise sei für Brettsperrholz mit einem Aufbau von kreuzweise verleimten Lamellen erwähnt, dass bei einem kontinuierlichen Abbrand die Oberfläche alternierend mit einer Zugbeanspruchung längs bzw. quer zur Faserrichtung vorliegt und somit auch das Tragverhalten entsprechend unterschiedlich beeinflusst.

Für vorgelegte Prüf- und sonstige Nachweise ist zu entscheiden, inwieweit diese im bauaufsichtlichen Verfahren geeignet und ausreichend sind. Im Rahmen eines Bauantragsverfahrens ist häufig die Frage zu klären, ob die besondere Bauweise über den Weg einer Abweichung von materiellen Anforderungen der Bauordnung gemäß § 67 MBO oder als Abweichung von Technischen Baubestimmungen gemäß § 85a MBO zielführend bzw. erfolgversprechend ist.

Insgesamt entwickelt sich die Beschäftigung mit Nawaros bereits zu einer Spezialdisziplin innerhalb der Brandschutzbüros und erfordert eine spezifische Aus- und Fortbildung und ständige Beschäftigung mit entsprechenden Objekten.

Der Mehrwert bei der Hinzuziehung eines entsprechend spezialisierten Brandschutzplaners besteht offensichtlich in dessen Erfahrungen mit erfolgreichen Produkten, Herstellern, Anwendern und der hieraus resultierenden Planungssicherheit.

Als Schnittstellen sind zu nennen die statisch-konstruktive Durchbildung der tragenden Bauteile als Leistung der Tragwerksplanung, die ebenso vielfältigen Fragen des Wärme-, Schall- und Feuchteschutzes mit qualifizierten Beiträgen aus der Bauphysik und die Koordination und das Zusammenführen dieser Belange durch eine besonders erfahrene Objektplanung. Der Beitrag des Brandschutzplaners kann sich auch in der beschriebenen Spezialisierung lediglich auf ein Mitwirken beschränken.

Für die Honorierung dieser Außergewöhnlichen Leistungen sind derzeit keine allgemein belastbaren oder übertragbare Kriterien oder Parameter bekannt. Einen wesentlichen Einfluss hat auch, in welchem Umfang nachwachsende Rohstoffe in die Planung einbezogen werden sollen, sowie Art und Nutzung des Gebäudes. Festgehalten sei, dass erfolgreiche Projekte eine sehr intensive Planungsbetreuung erfordern, die im Aufwand ggf. ein Mehrfaches der in diesem Heft behandelten Regelleistungen ausmachen können.

## 5.4 Besondere Materialprüfung und -beprobung

Insbesondere bei bestehenden Bauwerken kann es sinnvoll sein, konkrete Bauteil- und/oder Baustoffprüfungen hinsichtlich des Feuerwiderstandes, z.B. von Feuerschutzabschlüssen, oder des Brandverhaltens, z.B. die Schwerentflammbarkeit von Bodenbelägen, zu untersuchen. Damit kann die mögliche Weiterverwendung von bereits verbauten und vorhandenen Bauprodukten oder Bauarten beurteilt werden.

Zerstörungsfrei kann über alte und einschlägige Fachliteratur eine Bewertung vorgenommen werden, sofern ein zweifelsfreier Vergleich des Bestandes mit der Literatur möglich ist. Zerstörende Materialprüfungen und Materialentnahmen können von zugelassenen Prüfstellen bauaufsichtlich belastbar beprobt und bewertet werden. Sowohl normenkonforme Prüfungen – basierend auf z.B. DIN 4102 – als auch orientierende Brandversuche können die Zielsetzung von besonderen Materialprüfungen sein. Mit dem Klassifizierungsbericht einer zugelassenen Prüfstelle kann beispielweise eine Feuerwiderstandsklasse oder das Brandverhalten eindeutig belegt werden, oder mittels eines Prüfergebnisberichtes kann eine Einschätzung zur Leistungsfähigkeit eines Bauproduktes oder einer Bauart vorgenommen werden. Im Rahmen eines schutzzielorientierten Brandschutzkonzeptes könnte daraufhin beispielsweise ein nachgewiesener Feuerwiderstand von 28 Minuten nach ETK-Beflammung als ausreichend erachtet werden.

Der Mehrwert einer besonderen Materialprüfung kann die Weiterverwendung von Bauprodukten oder Bauarten im Bestand sein. Nachhaltigkeit, das Schonen von Ressourcen, Wirtschaftlichkeit oder Einzigartigkeit können Gründe für diese Art der Bestandsbewertung sein.

Ausgehend von der bauordnungsrechtlichen Anforderung im Vergleich zum erfassten Bestand kann der Brandschutzfachplaner eine besondere Materialprüfung vorschlagen, falls die eindeutige Beurteilung der geforderten Qualität weder durch die Aktenlage noch durch Anschauung vor Ort möglich ist.

Unter Umständen ist für die Bewertung auch die Zusammenarbeit mit anderen Projektbeteiligten erforderlich, z.B. mit dem Tragwerksplaner im Falle des Feuerwiderstandes einer Konstruktion.

Für besondere Materialprüfungen sind eindeutige Vorabfestlegungen erforderlich. Das Prüfprogramm ist abzustimmen, ebenso das erwartete Prüfergebnis, z.B. eine Feuerwiderstandsklasse unter ETK-Temperaturbeanspruchung. Materialentnahmen, der Ausbau von Konstruktionen aus dem Bestand und der Einbau in einen Prüfofen, Prüfkapazitäten, Verschluss von Öffnungen durch die Materialentnahme während der Versuchsdurchführung und Versuchsabbruchkriterien sind beispielhafte Abstimmungserfordernisse vor der eigentlichen Materialprüfung. Der Brandschutzfachplaner kann die Vorbereitung und Mitwirkung bzw. auch die Teilnahme an Versuchen planen oder beraten.

Als Schnittstelle zum Brandschutzkonzept muss das Ergebnis bewertet werden und kann z.B. für die Begründung von Abweichungen nach § 67 MBO dienen oder den weiteren Umgang mit eingebauten Bauteilen, aber fehlender Ursprungsdokumentation, verantwortungsvoll ermöglichen.

Die Honorarermittlung erfordert eine klare Definition der Aufgabenstellung und kann als Pauschale oder in Tagessätzen nach Aufwand angeboten werden.

## 5.5 Evakuierungskonzepte

In Gebäuden mit besonders großen Personenzahlen oder Personen mit eingeschränkter Selbstrettungsfähigkeit können – als Schnittstelle zur Planung der Barrierefreiheit gemäß AHO-Heft 40 – besondere Evakuierungskonzepte erforderlich sein. Teilweise werden diese sogar in den bauaufsichtlichen Vorschriften (z.B. § 42 SBauVO NRW) oder als Auflage in den Genehmigungen gefordert.

Dabei handelt es sich um betrieblich-organisatorische Maßnahmen, die eine genaue Kenntnis der Gebäudenutzung und von deren betrieblichen Abläufen voraussetzen. Sinnvollerweise können diese daher nicht bereits zum Zeitpunkt des Bauantrages vorgelegt, sondern erst mit Kenntnis der exakten Nutzung und Nutzer erarbeitet werden. Ein solches Konzept sollte daher maßgeblich durch denjenigen erarbeitet werden, der tatsächlich im Brandfall für die Evakuierung Verantwortung trägt, in der Regel also dem Betreiber des Gebäudes bzw. der Einrichtung.

Bei Nutzungen mit Personen mit eingeschränkter Selbstrettungsfähigkeit sollte die Fachkenntnisse der Medizin oder Krankenpflege einbezogen werden; bei Veranstaltungsnutzungen der Personenkreis, welcher den Ordnungsdienst organisiert und Kenntnis über das Nutzerprofil der üblichen Besucher hat.

Gleichwohl kann die Mitwirkung und Unterstützung durch den Ersteller des Brandschutzkonzeptes hilfreich sein, da dieser die Kenntnisse der baulichen und anlagentechnischen Brandschutzmaßnahmen und Sicherheitsvorkehrungen einbringen kann und in der Regel zumeist auch um eine baurechtliche Einordnung weiß. Zudem stehen diesem häufig auch Erfahrungen aus ähnlichen Fragestellungen oder Lösungen aus Referenzobjekten zur Verfügung.

Das Schutzziel dieser Evakuierungskonzepte ist in der Regel, den maßgebenden Personenkreis in angemessener Zeit aus dem gefahrdrohenden Bereich zu entfernen. Die hier für die Umsetzung erforderlichen Kriterien sind dabei häufig nur einzelfallbezogen festlegbar, sodass es sich insgesamt um eine anspruchsvolle Planungsaufgabe handelt.

**Schnittstellen:** Zur Regelleistung des vorstehenden Leistungsbildes gehört die Feststellung, inwieweit ein solches Evakuierungskonzept erforderlich ist und wann dieses spezifisch sinnvoll vorgelegt werden kann. Als Optionale Leistung erfolgt das Einbinden des vorgelegten Evakuierungskonzeptes in die Brandschutzplanung.

Eine Honorierung kann in der Regel nur aufwandsbezogen und nach genauer Kenntnis der relevanten Randbedingungen erfolgen.

## 5.6 Evakuierungssimulation

Bei Objekten mit sehr großen Personenzahlen, bei Abweichungen von Regelvorschriften für die Auslegung der Flucht- und Rettungswege sowie in weiteren besonderen Fallgestaltungen kann die Durchführung von Evakuierungssimulationen als Methode des Brandschutzingenieurwesens sinnvoll oder erforderlich sein. Häufig bilden diese auch die Basis für ein auch für die zeitlichen Abfolgen aussagekräftiges Evakuierungskonzept.

Zur Umsetzung stehen verschiedene Rechenmodelle zur Verfügung, die vereinfacht in die Gruppe der hydraulischen Modelle, Zellulär-Automaten oder Individualmodelle eingeordnet werden können und jeweils ihre Einsatzgebiete und Berechtigung in Abhängigkeit von der konkreten Fallgestaltung haben.

Die seriöse Anwendung dieser Modelle geht weit über die Eingabe von Grunddaten hinaus und erfordert eine erhebliche Erfahrung und Sorgfalt, um eine zutreffende Berechnung und Prognose zu gewährleisten und nicht Fehlinterpretationen aufzusitzen. Für diese Tätigkeit haben sich aus dem Kreis der Brandschutzplaner spezielle Anbieter bzw. Büros etabliert, welche durch kontinuierliche Anwendung den besonderen Aufwand in der leistungsfähigen Computertechnik (Hardware, Lizenzen etc.) vor allem aber die Qualifikation der Bearbeiter amortisieren können.

**Schnittstellen:** Die Auslegung von Flucht- und Rettungswegen nach den bauaufsichtlichen Grundregeln ist Regelleistung der Brandschutzplanung. Als Optionale Leistung können fallweise einfache Kapazitätsberechnungen, z.B. nach dem vfdb-Brandschutzleitfaden, vor allem aber auch das Einbinden von Ergebnissen der Evakuierungssimulation anfallen.

Zur Aufwandsermittlung sollte im Rahmen einer soliden Grundlagenermittlung das geeignete Simulationsverfahren, die maßgebliche Geometrie und Personenzahl festgelegt werden. Für die Honorierung werden üblicherweise die Durchführung einer Basisberechnung für ein Ausgangsszenario zugrunde gelegt und weitere Rechenläufe in Abhängigkeit der Anzahl von Variantenuntersuchungen in Einheitspreisen angeboten.

## 5.7 Entrauchungssimulation

Der Ableitung bzw. dem Abzug von Rauch und Wärme kann in der Bearbeitung eines Brandschutzkonzeptes große Bedeutung zukommen. Dabei ist im Wesentlichen zwischen den Schutzzielen der Sicherstellung von Flucht- und Rettungswegen und der Durchführung wirksamer Löschmaßnahmen zu unterscheiden, um eine risikogerechte Auslegung zu ermöglichen. Häufig erfordert dies die Durchführung von computergestützten Rauchgassimulationen mit Methoden des modernen Ingenieurwesens, bei welcher zunächst objektspezifische Schutzzielkriterien und geeignete Brandszenarien festzulegen sind und mit geeigneten Simulationsprogrammen für die zutreffende Geometrie sonstige relevante Randbedingungen ausgewertet werden.

In der Praxis stehen verschiedene Simulationsmodelle zur Verfügung, die vereinfachend in die Gruppe der sog. Zonen-Modelle gegenüber den Feld-Modellen eingeteilt werden bzw. für die objektspezifischen Fragestellungen zum Einsatz kommen. Schon die Auswahl des für die Fragestellung geeigneten Modells und die Festlegung der Schutzzielkriterien und Eingangsgrößen erfordern eine besondere Erfahrung und Kenntnis und sind daher als Optionale Leistungen ausgewiesen.

Sinnvollerweise erfolgen die Rauchgassimulationen durch den Ersteller des Brandschutzkonzeptes oder zumindest in enger Abstimmung mit diesem, um eine risikogerechte Übertragung der vorgenannten Randbedingungen als Grundlage für die Berechnung einerseits und andererseits eine verständige und objektspezifische Auswertung der Simulationsergebnisse in das Gesamtkonzept zu gewährleisten.

Der Bedarf an Simulationsberechnungen und insbesondere deren Art und Umfang ergeben sich häufig erst in der Bearbeitung des Brandschutzkonzeptes und lassen sich vorab nur sehr bedingt vorhersagen. Der Mehrwert einer solchen Simulation liegt in einer sachgerechten Optimierung der Maßnahmen für den Abzug bzw. der Ableitung von Rauch und Wärme, häufig ist auch ein entsprechender Nachweis Voraussetzung für die Genehmigungsfähigkeit komplexer Fragestellungen.

**Schnittstellen:** In der Regelleistung werden Maßnahmen zum Rauchabzug bzw. zur Rauchableitung anhand der bauaufsichtlichen Festlegungen objektspezifisch übertragen und ggf. der Bedarf von weitergehenden Untersuchungen festgestellt. Sofern Rauchgassimulationen durchgeführt werden, ist darüber hinaus die Koordination und Kommunikation mit dem Ersteller dieser Berechnungen eine Optionale Leistung (vgl. Kapitel 1.4 Leistungsphase 2); die Durchführung der Berechnung im vorbeschriebenen Umfang eine darüber hinausgehende Außergewöhnliche Leistung.

Die Honorierung hängt von der Komplexität der Fragestellungen, insbesondere der Geometrie und dem einzusetzenden Simulationsmodell, ab. Zumeist wird ein Basisaufwand für die Erfassung der Fragestellung, Koordination und Kommunikation und Berichterstellung pauschal kalkuliert, darüber hinaus werden die Simulation für eine Geometrie und das erste Szenario ebenfalls als Pauschale und nach Einheitspreis weitere Varianten- oder Parameterberechnungen ausgewiesen.

## 5.8 Brand- und Rauchversuch

Im Zusammenhang mit der Plausibilisierung von Brandsimulationen (vgl. Kapitel 5.7) nach Fertigstellung der Maßnahmen, aber auch für eine rasche Überprüfung der Maßnahmen für den Rauch- und Wärmeabzug in bestehenden Gebäuden, hat sich die Durchführung von kalibrierten Rauchversuchen etabliert und ist mit den relevanten Voraussetzungen und Randbedingungen im vfdb 14/1 praxisgerecht beschrieben.

Hierdurch kann über die einfache qualitative Bewertung mit undefinierten Rauchquellen (die in der Praxis fallweise auch schon ihre Berechtigung hat oder erforderlich wird) hinaus eine quantitative Bewertung des Entrauchungssystems, z.B. in der Bildung von raucharmen Schichten, erfolgen sowie ggf. auch der zeitliche Verlauf der Rauchabführung nachgestellt und überprüft werden.

Zum Einsatz kommen dabei spezielle Prüfapparaturen mit einem Temperatur- und Volumenstrom-Profil, die messtechnisch erfasst sind und dadurch eine sichere Übertragbarkeit der örtlichen Beobachtungen auch unter Berücksichtigung von Modellgesetzen auf ein realitätsnahes Brand- bzw. Rauchereignis ermöglichen.

Die Entwicklung und Handhabung dieser Prüfapparaturen erfordern spezielle Fachkenntnisse und haben sich daher zum weiteren Spezialgebiet entwickelt. Die Durchführung kann sinnvollerweise im Zusammenwirken mit der Computer-Brandsimulation bzw. dessen Bearbeitern erfolgen.

Ein Mehrwert generiert sich über die Gesamtplanung, da in der Regel mit dieser Methode Maßnahmen für den Rauch- und Wärmeabzug auch optimiert bzw. in komplexen Fragestellungen überhaupt erst zuverlässig nachgewiesen werden können.

**Schnittstellen:** Die Regelleistungen des Leistungsbildes berücksichtigen eine Auslegung der Maßnahmen für den Rauch- und Wärmeabzug auf Basis bauaufsichtlicher Vorschriften und stellen ggf. fest, inwieweit die Durchführung von kalibrierten Rauchversuchen sinnvoll oder erforderlich ist. Als Optionale Leistung werden dann die Ergebnisse dieser Versuche in das Brandschutzkonzept eingearbeitet.

Die Honorierung wird bestimmt durch die Geometrie des Rauchabschnittes und in Abhängigkeit von der Einsatzdauer der Prüfapparaturen, weiterhin ist kalkulatorisch die Amortisation dieser speziellen Apparaturen, vor allem aber der Personaleinsatz bei der Versuchsdurchführung, maßgebend. Für eine belastbare Auswertung sollten zusätzlich zum Bediener der Prüfapparaturen weitere Personen für die Beobachtung und Dokumentation eingesetzt werden. Relevant ist ferner die Anzahl der ggf. unterschiedlichen Randparameter der vor Ort durchzuführenden Versuche und der Umfang der Dokumentation (Kurzprotokoll, umfangreicher Versuchsbericht oder auch Videodokumentation etc.). Kalkulatorisch nicht zu unterschätzen ist ebenso der Aufwand für die notwendige Vorbereitung und Koordination der Versuche mit Behörden, Prüfinstanzen und sonstigen Ansprechpartnern aus Planungsteam und Gebäude.

## 5.9 Löschanlagenkonzept

Insbesondere bei großen Industrie- und Logistikgebäuden ist häufig eine automatische Löschanlage wesentlicher Bestandteil eines Brandschutzkonzeptes und Voraussetzung für dessen Genehmigungsfähigkeit. Aus den vielfältigen, objektspezifisch ggf. sehr unterschiedlichen Verhältnissen der Gebäudegeometrie, der Höhe des Lagerguts, der häufig geforderten Flexibilität der Nutzung, insbesondere bei Regalierung etc., und nicht zuletzt der in diesem Bereich dynamisch veränderten technischen Regelwerke, bedarf es zumeist einer besonderen Fachplanung, um die Grundlagen für die Auslegung der Löschanlage bzw. schon allein des geeigneten und sinnvollen technischen Regelwerkes festzulegen.

Dies gilt insbesondere, wenn die Löschanlagen nicht konventionell mit Wasser, sondern als Gaslöschanlage oder für andere Löschmittel ausgelegt werden sollen.

Für das Arbeitsergebnis dieser Leistung hat sich zwischenzeitlich der Begriff des „Löschanlagenkonzeptes" etabliert, welches als Grundlage für die darauf aufsetzenden Fachplaner der technischen Gebäudeausrüstung in Anlagegruppe 7 nach § 53 Abs. 2 HOAI dient.

Das Löschanlagenkonzept wird in der Praxis zumeist nicht vom Ersteller des Brandschutzkonzeptes selbst, sondern durch einen Sonderplaner, der sich in diese spezielle Materie eingearbeitet hat, aber in enger Abstimmung mit dem Ersteller des Brandschutzkonzeptes erarbeitet. Zweckmäßig ist das Löschanlagenkonzept auch nicht Gegenstand der Bauvorlagen, da die in der Regel notwendigen fortschreibenden Anpassungen ansonsten formal eine kontinuierliche Änderung der Genehmigung nach sich ziehen würden.

Es hat sich in der Praxis als sinnvoll erwiesen, das Löschanlagenkonzept gleichsam als vorweggenommene Planung durch den Sachverständigen für Löschanlagen prüfen zu lassen, der später die ausgeführte Anlage nach den Prüfverordnungen der Länder prüft und deren Betriebssicherheit und Wirksamkeit bescheinigt. Bei diesem Vorgehen kann dann auch die Bescheinigung über die ordnungsgemäße Planung ggf. im Baugenehmigungsverfahren eingereicht werden.

**Schnittstellen:** Die Regelleistung bei der Erstellung des Brandschutzkonzeptes ist die Klärung, ob und in welchem Umfang eine automatische Löschanlage erforderlich ist. Sofern ein spezielles Löschanlagenkonzept erstellt wird, ist die Koordination mit dem Konzeptersteller und die Einbindung in das Brandschutzkonzept erforderlich. Im Rahmen der Objektüberwachung ergibt sich in der Regel kein Unterschied, ob die automatische Löschanlage nach standardisiertem Vorgehen oder auf Basis eines objektspezifischen Löschanlagenkonzeptes durch eine entsprechende Planung der technischen Gebäudeausrüstung erfolgte.

Die Honorierung des Löschanlagenkonzeptes hängt im Wesentlichen von der Komplexität der ggf. unterschiedlichen Bereiche im Gebäude und dem notwendigen Koordinations- und Kommunikationsaufwand mit den übrigen Planungsbeteiligten ab, sodass ausschließlich eine individuelle Honorarermittlung möglich ist.

## 5.10 Flucht- und Rettungspläne

Diese Pläne informieren den Gebäudenutzer über die Anordnung und den Verlauf von Flucht- und Rettungswegen im Gebäude. Die (rechtliche) Grundlage ergibt sich meist aus der Arbeitsstättenverordnung, der Arbeitsstättenregel ASR A1.3 – Sicherheits- und Gesundheitsschutzkennzeichnung sowie der Arbeitsstättenregel ASR A2.3 – Fluchtwege, Notausgänge, Flucht- und Rettungswegplan.

Die Flucht- und Rettungspläne beinhalten in ihren grafischen Darstellungen u.a. auch die Erste-Hilfe-Einrichtungen, die brandschutztechnischen Einrichtungen für die Selbsthilfe und Regeln für das Verhalten im Brandfall und bei Unfällen. Sie dienen zur standortbezogenen Orientierung von Mitarbeitern und Ortsunkundigen.

Die Flucht- und Rettungspläne liegen in der Verantwortung des Betreibers bzw. des Arbeitgebers und werden sinnvollerweise rechtzeitig vor Inbetriebnahme, aber zu einem Zeitpunkt, in welchem die abschließende Gebäudeplanung und Raumaufteilung vorliegt, erstellt.

**Schnittstellen:** Im Rahmen des Brandschutzkonzeptes als Bauvorlage wird festgelegt, ob und in welchem Umfang Flucht- und Rettungspläne erforderlich sind. Im Bereich der Objektüberwachung wird als Optionale Leistung die ordnungsgemäße Ausführung der Pläne überprüft.

Für die Honorierung sind die Leistungen zur eigentlichen Planerstellung und für den Aushang (ggf. mit Lieferung und Montage entsprechender Rahmen etc.) zu unterscheiden. Üblicherweise werden in den Leistungsverzeichnissen das Erstellen der Basispläne sowie die örtliche Anpassung und ggf. der Aushang unterschieden.

## 5.11 Feuerwehrpläne

Feuerwehrpläne nach DIN 14 095 sind Führungsmittel und dienen der Einsatzvorbereitung und raschen Orientierung der Feuerwehr und ggf. sonstiger Hilfsorganisationen. Sie werden als Übersichtspläne, die die Bauwerke in größerem Umfeld darstellen, sowie detaillierte Geschosspläne und teilweise Detailpläne dokumentiert.

Übliche Angaben sind neben der Gebäudebezeichnung und Geschossanzahl maßliche Angaben für Flächen der Feuerwehr, zur Löschwasserversorgung, für den baulichen und anlagentechnischen Brandschutz sowie zu etwaigen besonderen Gefahren etc.

Feuerwehrpläne sind teilweise in bauaufsichtlichen Vorschriften vorgegeben und generieren ihren Mehrwert aus der Schadensbegrenzung durch das bessere Orientieren der Einsatzkräfte. Die Bearbeitung kann durch den Ersteller des Brandschutzkonzeptes bzw. dessen Büro erfolgen, da die hierfür erforderlichen Informationen in der Regel dort vorliegen. Es haben sich in der Praxis aber auch verschiedene Spezialbüros etabliert, die sich ausschließlich oder vorwiegend mit der Bearbeitung beschäftigen.

**Schnittstellen:** Im Brandschutzkonzept wird als Regelleistung festgelegt, inwieweit die Erstellung eines Feuerwehrplans erforderlich wird und ggf. besondere Angaben oder Darstellungen hierin aufgenommen werden sollen. Als Optionale Leistung kann im Rahmen der Objektüberwachung die Prüfung der vorgelegten Feuerwehrpläne vereinbart werden.

Für die Honorierung werden üblicherweise eine Basiskalkulation für die Einholung und Dokumentation der relevanten Informationen einschließlich Koordination mit der Brandschutzdienststelle und im Übrigen Einheitspreise nach Anzahl und Größe der Pläne verrechnet.

## 5.12 Brandschutzordnung

Die Brandschutzordnung ist eine zusammenfassende Regelung für das Verhalten von Personen innerhalb von Gebäuden oder Betrieben im Brandfall sowie für Maßnahmen zur Verhütung von Bränden. Sie gliedert sich nach DIN 14 096 in einen Teil A – Aushang, Teil B für Personen ohne besondere Brandschutzaufgaben und einen Teil C für Personen mit besonderen Brandschutzaufgaben.

Insgesamt handelt es sich um eine Maßnahme des betrieblich-organisatorischen Brandschutzes, der im Wesentlichen auch aus dem Arbeitsstättenrecht erwächst und sinnvollerweise von der Person erarbeitet wird, welche später auch die besonderen Aufgaben des Brandschutzes behandelt bzw. betreut, in der Regel also dem Brandschutzbeauftragten. In jedem Fall ist dabei eine hohe Kommunikation und Koordination mit diesem Personenkreis geboten, um die Umsetzung der Brandschutzordnung in einem tatsächlichen Anwendungsfall zu gewährleisten.

Im Einzelfall mag die Erarbeitung oder Unterstützung durch den Ersteller des Brandschutzkonzeptes hilfreich sein, da dieser Kenntnisse des Gebäudes sowie des baulichen und anlagentechnischen Brandschutzes besitzt und auch den Kontakt zur Brandschutzdienststelle hält.

**Schnittstellen:** In der Brandschutzplanung wird als Regelleistung festgelegt, ob und inwieweit eine Brandschutzordnung zu erstellen ist und im Rahmen der Objektüberwachung überprüft, inwieweit diese vorliegt.

Die Honorierung für die Erstellung der Brandschutzordnung als Außergewöhnliche Leistung kann in den Teilen A und B als pauschale Kalkulation erfolgen. Für Teil C wird bei sachgerechter Bearbeitung ein starker Einfluss aus Art und Umfang der notwendigen Kommunikation mit dem Gebäudenutzer/Betreiber relevant, sodass hier ggf. eine aufwandsbezogene Abrechnung zielführend ist.

## 5.13 Auslegung von Feuerlöschern

Feuerlöscher sind ein wirksames Mittel für die Erstbrandbekämpfung und in der breiten Bevölkerung ein Synonym für notwendige Brandschutzmaßnahmen. Gleichwohl sind sie als Maßnahme des betrieblich-organisatorischen Brandschutzes nicht zwingender Bestandteil der bauaufsichtlichen Vorschriften (mit Ausnahme der Industriebaurichtlinie), sondern werden nach Vorgaben des Arbeitsstättenrechts, insbesondere der Arbeitsstättenregel ASR A2.2 – Maßnahmen gegen Brände vorgegeben bzw. ausgelegt.

Hierbei sind häufig dann auch Kriterien der Nutzung bzw. der Nutzer im Rahmen einer Gefährdungsbeurteilung für die Anzahl und Verteilung der Löscher sowie Auswahl des Löschmittels maßgebend und damit die Bearbeitung häufig erst kurz vor Inbetriebnahme des Gebäudes möglich, wenn diese Kriterien bekannt sind.

Eine sinnvolle Planung berücksichtigt zudem Kriterien der Wartung und Instandhaltung sowie objektangepassten Kennzeichnung und Beleuchtung.

Die gelegentlich geforderte frühzeitige Auslegung bzw. zumindest Festlegung von Feuerlöscher-Standorten birgt daher das Risiko, dass diese für die zukünftigen konkreten Nutzungsbedingungen nicht bzw. nicht optimal passen. Sofern gleichwohl die Auslegung durch den Ersteller des Brandschutzkonzeptes erfolgen oder begleitet werden soll, ist die Koordination mit dem zukünftigen Nutzer oder dem diesen vertretenden Brandschutzbeauftragten sinnvoll bzw. geboten.

**Schnittstellen:** Als Regelleistung ist im Brandschutzkonzept festzulegen, dass Feuerlöscher an gut zugänglicher und betriebsbereiter Stelle vorzuhalten sind. Weitere Angaben sollten sich – wenn überhaupt – auf eine Größenordnung von Anzahl oder Löschmitteleinheiten beschränken. Die Angaben von Standorten in Brandschutzplänen bzw. die Visualisierung zum Brandschutznachweis ist nicht zweckmäßig. Da dieses eine Bauvorlage darstellt, würde jede nachträgliche Änderung eine formale Genehmigungspflicht auslösen, was nicht sachgerecht sein kann. Auch eine Überprüfung im Rahmen der Objektüberwachung ist weder als Regelleistung noch als Optionale Leistung sinnvoll.

Die Honorierung hängt davon ab, in welchem Detaillierungsgrad die Auslegung und Planung erfolgt, insbesondere wie umfangreich die für die Auswahl von Löschern und Löschmitteln erforderliche Gefährdungsbeurteilung ist.

## 5.14 Spezielle Anforderungen an Kommunikation, Workshops

Die Anforderungen an den Brandschutz bestimmen zumeist im starken Maße den Gebäudeentwurf, sodass intelligente und kreative Brandschutzkonzepte häufig zu dessen gestalterischer und wirtschaftlicher Optimierung beitragen können. Dementsprechend ist die Einbindung des Brandschutzplaners in den Planungsprozess und eine entsprechende Kommunikation bei den Regelleistungen des vorstehenden Leistungsbildes in differenzierter Form für die einzelnen Leistungsphasen vorgesehen. Dabei wird zugrunde gelegt, dass diese Kommunikation in effizienter Weise im Wesentlichen mit dem Objektplaner erfolgt, der im Rahmen seiner Koordinierungsaufgaben die übrigen Fachplaner miteinbezieht. In der Praxis als sinnvoll erwiesen hat sich ferner ein Koordinierungstermin mit der Fachplanung „Technische Ausrüstung", bei welchem Brandschutzfragen gebündelt behandelt und als Grundlage für deren Fachplanung weitergegeben werden. Damit sind sowohl Präsenztermine als auch Videositzungen gemeint.

Bei manchen Projekten gestattet die Struktur des Planungsprozesses dieses „gebündelte Behandeln von Brandschutzfragen" jedoch nicht, sodass als Optionale Leistung die Teilnahme an solchen Besprechungen mit einer Tagesordnung, die über die Themen des Brandschutzes hinausgeht, entsteht.

Darüber hinaus können fall- bzw. projektbezogene Außergewöhnliche Leistungen resultieren, wenn beispielsweise die Teilnahme an regelmäßigen Planungs-Jour-Fixe-Terminen gewünscht oder erforderlich wird. Diese gestalten sich in den frühen Planungsphasen, insbesondere der Vorplanung, ggf. als „Workshops", wo häufig auch unter Teilnahme der Bauherrschaft eine gemeinsame dynamische Erarbeitung des Gebäudeentwurfs entsteht und insbesondere die gegenseitigen Abhängigkeiten im Zusammenspiel von Nutzung,

Brandschutzanforderungen und Gebäudegestaltung in hoher Kommunikation entwickelt werden. Diese gerade bei komplexen Bauaufgaben zielführende Arbeitsweise generiert für die Bauherrschaft einen Mehrwert, dem jedoch ein deutlich erhöhter Aufwand beim Brandschutzplaner gegenübersteht. Dies gilt sowohl für den Fall, dass diese Kommunikation als Präsenztermin organisiert wird, aber auch bei modernen Kommunikationsformen, wie Videokonferenzen, zumal hier zwar der Aufwand für An- und Abreise entfällt, aber meist eine höhere Frequenz gewünscht wird.

Im Sinne einer Abgrenzung können Kommunikationsdienstleistungen des Brandschutzplaners wie folgt definiert werden:

- Als Regelleistung werden in definierten und vorbereiteten Planungssitzungen Brandschutzthemen gebündelt behandelt und sind mit der Honorarermittlung nach Kapitel 1.5 abgedeckt.
- Optionale Leistungen entstehen, wenn in einer definierten Anzahl von Planungssitzungen die Brandschutzthemen nicht gebündelt behandelt werden und daher die Teilnahme zusätzlich zu vergüten ist.
- Eine Außergewöhnliche Leistung entsteht, wenn die Teilnahme des Brandschutzplaners an regelmäßigen oder einer größeren Zahl von Sitzungen gewünscht oder erforderlich wird.

Für die Honorierung dieser Außergewöhnlichen Leistung bietet sich eine Abrechnung nach Aufwand an, wobei die erforderliche Vor- und Nachbereitung einzukalkulieren ist. So hat es sich in der Praxis bewährt, eine Pauschale als Tages- oder Halbtagessatz für die Teilnahme an einer Planungssitzung anzusetzen. Dies gilt sowohl für Videokonferenzen als auch bei Präsenzterminen, bei denen zusätzlich die An- und Abreisezeiten zu berücksichtigen sind.

## 5.15 BIM im Brandschutz

BIM (Building Information Modelling) generiert als Planungsmethode einen deutlichen Mehrwert für den Bau und Betrieb von Gebäuden. Der Einfluss auf den Planungsprozess ist in AHO-Heft 11 einschließlich eines Honorarvorschlags für die Objektplanung Gebäude und Innenräume sowie Ingenieurbauwerke und die Fachplanungen Tragwerksplanung sowie Technische Ausrüstung beschrieben.

Die Methode hat auch die Brandschutzplanung, insbesondere bei größeren und komplexeren Gebäuden, erreicht, eine erste Analyse ist unter dem Titel „Einführung und Anwendung im Planungsprozess", herausgegeben vom VIB – Verein zur Förderung der Ingenieurmethoden im Brandschutz e.V., im November 2020 im Beuth Verlag erschienen.

Zweifelsfrei ändert sich für Leistungen im Brandschutz mit der Planungsmethode BIM nicht nur der Planungsprozess, sondern auch der Planungsumfang, sodass es sich um eine ergänzende, also Außergewöhnliche Leistung handelt. Diese ist allerdings angesichts der Entwicklungsgeschwindigkeit der Digitalisierung nur schwer zu erfassen, sodass folgende Überlegungen zum besseren Verständnis hilfreich sein können.

Die Leistungen für den bauordnungsrechtlichen Brandschutz haben zwar eine erhebliche Bedeutung für die Genehmigungsfähigkeit einer Planung, sie umfassen jedoch im Vergleich zu den vorstehend aus AHO-Heft 11 zitierten Objekt- und Fachplanerleistungen einen relativ geringen zeitlichen Anteil der Gesamtplanung, wie auch am gesamten

Planungsvorgang. Für die Tätigkeit des Brandschutzplaners bedeutet dies, dass in der Regel eine größere Anzahl von Projekten zeitgleich bearbeitet werden, während für die genannten Objekt- und Fachplanungen eher eine geringere Projektanzahl, dafür eine zeitintensivere Bearbeitung ansteht. Hieraus resultiert für die Implementierung eines BIM-Projektes wiederum, dass der stets und für alle Planer in gleicher oder ähnlicher Größenordnung entstehende Basisaufwand in der Einrichtung und Koordination der Planungsmethode für den Brandschutzplaner einen in Relation deutlich höheren Einfluss bzw. Anteil ausmacht.

Ein weiterer Effekt der beschriebenen Eingangssituation ist, dass für die obigen Objekt- und Fachplaner eine Optimierung der Prozesse bereits im Einzelprojekt angestrebt werden kann, während für den Brandschutzplaner eine nachhaltige Effizienzsteigerung erst bei einer projektübergreifenden Prozessoptimierung stattfindet. Hieraus resultiert auch, dass ein Mehraufwand in der Brandschutzplanung ggf. einen Benefit für das BIM-basierte Gesamtprojekt entwickelt, sich jedoch nicht direkt bei der Brandschutzplanung niederschlägt.

Dabei gilt es insbesondere auch zu bewerten, inwieweit mit der nahezu zwangsläufig zunehmenden Formalisierung der Prozesse (z.B. durch die Protokollierung eines jeden Schrittes des Planungsverlaufes) sich nicht nur der Aufwand vergrößert, sondern sich auch die Qualität des Ergebnisses verbessert.

Zur Drucklegung dieser Veröffentlichung sind daher zunächst erste, durchaus intensive und erfolgversprechende Ansätze zum BIM im Brandschutz, einschließlich einer praxisgerechten Umsetzung, vorhanden, aber keinesfalls eine „Best Practice" oder zwingende weitere Entwicklung erkennbar.

Bereits die Schnittstellen zu anderen Planungen sind derzeit jeweils noch projektspezifisch zu definieren. In diesem Zusammenhang greift die Optionale Leistung, die vorstehend der Leistungsphase 2 zugeordnet ist: „Beraten zum objektspezifischen Bedarf des BIM im Brandschutz".

Somit ist für eine Honorierung für BIM im Brandschutz eine funktionale Beschreibung von Leistungen in den einzelnen Leistungsphasen möglich bzw. sinnvoll. Es wird daher eine Liste von Einzelpositionen vorgeschlagen, die teilweise auch unterschiedliche Integrationstiefen beschreiben und in diesen aufeinander aufbauen. Die Leistungspositionen sind dabei in ihrer zeitlichen Abfolge durchnummeriert, die Integrationstiefen durch die Buchstaben a bzw. b differenziert. Dabei ist sowohl die Fallgestaltung berücksichtigt, dass seitens des Brandschutzplaners

a) eine „Zuarbeit" in einem von anderen, in der Regel dem Objektplaner, erstellten „Gesamtmodell" erfolgt, als auch dass

b) seitens der Brandschutzplaner ein „Fachmodell Brandschutz", sei es als Teil des Gesamtmodells oder als eigenes integriertes Fachmodell, bearbeitet wird.

Für die Honorierung kann somit jeweils objektspezifisch eine Auswahl der jeweils relevanten Leistungspositionen in Abhängigkeit von der Größe und Komplexität des Projektes erfolgen und eine Kalkulation zu Einheitspreisen vorgenommen werden. Dabei ist zu berücksichtigen, dass die mit einem „erneuten" Einarbeiten oder Prüfen gekennzeichneten Positionen ggf. mehrfach im Projektablauf erforderlich werden können.

Als Leistungspositionen können erforderlich werden:

1. Mitwirken bei den Auftraggeber-Informations-Anforderungen (AIA) hinsichtlich des Brandschutzes
2. Mitwirken beim Erarbeiten eines BIM-Abwicklungsplans (BAP) hinsichtlich des Brandschutzes
3. Erstellen einer objektspezifischen Attribuierungsliste zum Brandschutz
4. Mitwirken bei der Koordination kollisionsfreier Modelle mit den an der Planung fachlich Beteiligten als Grundlage für die weitere Planung
5. Erstellen eines eigenen integrierten Fachmodells Brandschutz

6a. Mitwirken beim erstmaligen Einarbeiten der Attribute in das Gesamtmodell

6b. Erstmaliges Einarbeiten der Attribute in das Fachmodell Brandschutz

7a. Mitwirken beim erneuten Einarbeiten der Attribute in das Gesamtmodell

7b. Erneutes Einarbeiten der Attribute in das Fachmodell Brandschutz

8. Erstmaliges Prüfen des Gesamtmodells im Hinblick auf den Brandschutz
9. Erneutes Prüfen des Gesamtmodells im Hinblick auf den Brandschutz

10a. Mitwirken beim Erstellen von BIM-basierten Bauvorlagen zum Brandschutz aus dem Gesamtmodell

10b. Erstellen von BIM-basierten Bauvorlagen zum Brandschutz aus dem Fachmodell Brandschutz

11. Mitwirken beim Erstellen von digitalen Leistungsbeschreibungen mit Leistungsverzeichnissen
12. Beraten bei der BIM-basierten Vergabe zum Brandschutz

13a. Mitwirken beim erstmaligen Einarbeiten der in der Fachbauleitung festgestellten Brandschutzmängel in das Gesamtmodell

13b. Erstmaliges Einarbeiten der in der Fachbauleitung festgestellten Brandschutzmängel in das Fachmodell Brandschutz

14a. Erneutes Mitwirken beim Einarbeiten der in der Fachbauleitung festgestellten Brandschutzmängel in das Gesamtmodell

14b. Erneutes Einarbeiten der in der Fachbauleitung festgestellten Brandschutzmängel in das Fachmodell Brandschutz

15a. Mitwirken bei der Prüfung und Ergänzung des „As-built-Modells" im Gesamtmodell

15b. Ergänzen des „As-built-Modells" im Fachmodell Brandschutz

16. Beraten bei der BIM-basierten Objektbetreuung im Betrieb des Gebäudes hinsichtlich des Brandschutzes
17. Bereitstellen von BIM-Modelldaten als Grundlage für Simulationen mit Ingenieurmethoden des Brandschutzes

# 6 Themen- und Leistungskatalog

Zur Konkretisierung der Inhalte von Brandschutzkonzepten und zur Erläuterung der allgemeinen Formulierung in den Regelleistungen, den Optionalen Leistungen sowie zur Differenzierung der oben beschriebenen drei Leistungsniveaus für die Leistungsphase 8 wurde in der nachfolgenden tabellarischen Aufbereitung eine Zuordnung für die wesentlichen brandschutzrelevanten Themen vorgenommen.

Gleichwohl soll der Themen- und Leistungskatalog lediglich als Orientierungshilfe für die Festlegung des Leistungsumfangs in Bezug auf die Objektüberwachung (Bauüberwachung) dienen und bedarf insbesondere in Niveau 2 und 3 einer konkreten Vereinbarung im Rahmen einer vertraglichen Regelung.

Die Tabelle wurde in maßgeblicher Unterstützung und Abstimmung mit Vertretern und Sachverständigen der Prüforganisationen für anlagentechnische Brandschutzmaßnahmen erstellt und berücksichtigt somit die Schnittstellen für die Durchführung von Prüfungen nach den Prüfvorschriften der Länder.

In den Tabellen bezeichnet **„Einsichtnahme"** eine Prüfung der vorgelegten Unterlagen auf Plausibilität, ohne eine weitergehende inhaltliche Bearbeitung. Diese erfolgt allerdings, wenn die Tätigkeit als **„Abgleich"** zu den genannten Unterlagen beschrieben ist. Der Begriff der **„Eignungsnachweise"** wird gleichsam als Verallgemeinerung für die in der jeweiligen Fallgestaltung erforderlichen Verwendbarkeitsnachweise, Anwendbarkeitsnachweise, Prüfberichte oder sonstigen Dokumente verwendet.

Das Arbeitsergebnis wird in der Objektüberwachung jeweils wie folgt dokumentiert:

Niveau 1: Statusbericht einschl. Bewertung der Möglichkeit für die Inbetriebnahme

Niveau 2: Bescheinigung der Umsetzung des Brandschutznachweises

Niveau 3: Wie Niveau 2, der zusätzliche Umfang der Leistungspflicht ist im Vertrag besonders ausführlich zu erfassen.

| Nr. | Themen und Inhalte des Brandschutzkonzeptes | Niveau 1 „Prinzipielle Übereinstimmung“ | Niveau 2 „Systematisch-stichprobenartige Kontrolle“ | Niveau 3 „Baubegleitende Qualitätskontrolle“ |
|---|---|---|---|---|
| **1. Flächen für die Feuerwehr** | | | | |
| **1.1** | Objektspezifische Anforderungen an Zugänglichkeit | Abgleich mit dem Brandschutznachweis auf etwaige Veränderungen | wie Niveau 1 | wie Niveau 1 |
| **1.2** | Vorgesehene Zu- und Umfahrten;<br>Aufstell- und Bewegungsflächen | Örtliche Prüfung auf Vorhandensein und prinzipielle Gestaltung | Einsichtnahme in Nachweise zur Befestigung;<br>Örtliche Prüfung von Grundmaßen und Kennzeichnung | Örtliche Prüfung von Detailausbildung, Neigung, Übergänge;<br>Mitwirken an Anleiterproben |
| **1.3** | Sicherstellung der Zugänglichkeit, ggf. gemäß Abstimmung Brandschutzdienststelle (z.B. Feuerwehrschlüsseldepot);<br>Verknüpfung mit Belangen des Objektschutzes | Einsichtnahme in eine vorzulegende Dokumentation über die Abstimmung mit der Feuerwehr | Örtliche Prüfung der Hauptkomponenten auf korrekte Umsetzung der Feuerwehrabstimmung;<br>Einsichtnahme in Prüf-/Abnahmeberichte der Feuerwehr | Mitwirken bei der Prüfung durch Feuerwehr;<br>Funktionsprobe der Komponenten;<br>Abgleich hinterlegter Schlüssel mit Schließplan;<br>Abstimmen und Einweisen des Einsatzdienst der Feuerwehr |
| **2. Löschwasserversorgung** | | | | |
| **2.1** | Löschwasserbedarf; ggf. spezifische Anforderungen durch Brandschutzdienststelle | keine Prüftätigkeit | wie Niveau 1 | wie Niveau 1 |

| Nr. | Themen und Inhalte des Brandschutzkonzeptes | Niveau 1 „Prinzipielle Übereinstimmung“ | Niveau 2 „Systematisch-stichprobenartige Kontrolle“ | Niveau 3 „Baubegleitende Qualitätskontrolle“ |
|---|---|---|---|---|
| **2.2** | Verwendbare Löschwasserentnahmestellen und deren Leistungsfähigkeit bzw. Dokumentation der Auskünfte des Wasserversorgungsunternehmens | Örtliche Prüfung hinsichtlich Art und Lage der Versorgung (Brunnen, Hydranten etc.) | Örtliche Prüfung auf prinzipielle Nutzbarkeit der Löschwasserentnahmestellen | Örtliche Prüfung Zuwegung (Befestigung) und Kennzeichnung |
| **2.3** | Abgleich zwischen Löschwasserbedarf und Versorgung sowie ggf. Angabe vorgesehener Maßnahmen | Einsichtnahme in Bescheinigung hinsichtlich Leistungsfähigkeit | Örtliche Prüfung der Bescheinigung im Abgleich mit den Angaben an den Entnahmestellen | Mitwirken bei der Prüfung der Löschwasserverhältnisse (Ausliterung) |
| **3. Löschwasserrückhaltung** | | | | |
| **3.1** | Wassergefährdende Stoffe mit Angaben zu Menge WGK und Lagerort | Einsichtnahme in die Dokumentation des Nutzers im Abgleich mit etwaigen Veränderungen | Örtliche Prüfung der Dokumentation auf prinzipielle Übereinstimmung | Örtliche eigene Bestandsaufnahme wassergefährdender Stoffe |
| **3.2** | Anforderungen zur Löschwasserrückhaltung aus einschlägigen Regelwerken;<br>Ermittlung des erforderlichen Rückhaltevolumens;<br>ggf. Negativvermerk | keine Prüftätigkeit | wie Niveau 1 | wie Niveau 1 |

| Nr. | Themen und Inhalte des Brandschutzkonzeptes | Niveau 1 „Prinzipielle Übereinstimmung“ | Niveau 2 „Systematisch-stichprobenartige Kontrolle“ | Niveau 3 „Baubegleitende Qualitätskontrolle“ |
|---|---|---|---|---|
| **3.3** | Vorgesehene Maßnahmen zur LöRüRL (Rückhalteräume, Löschwasserbarrieren) | Örtliche Prüfung der Rückhaltemaßnahmen auf Vorhandensein und prinzipielle Eignung;<br>Einsichtnahme in Nachweise zur Dimensionierung | Einsichtnahme in Nachweise zur Dichtigkeit für die gehandhabten Stoffe und Eignung der Maßnahmen (z.B. Barrieren) | Mitwirken an der Dichtigkeitsprüfung;<br>Örtliche Prüfung der baulichen Ausführung im Abgleich mit Eignungsnachweisen |
| **4. System der äußeren und inneren Abschottungen** | | | | |
| **4.1** | Äußere Abschottungen; brandschutztechnisch begründete Abstandregelungen; Gebäudeabschlusswände | Örtliche Prüfung etwaiger Veränderungen | Prüfung Bestandspläne hinsichtlich relevanter Abstandsmaße | Örtliche Prüfung der relevanten Maße |
| **4.2** | Umsetzung des Abschottungsprinzips in Bezug auf zulässige Größen in Brandabschnitte, Brandbekämpfungsabschnitte, Rauchabschnitte sowie sonstige abgetrennte Bereiche;<br>Gebäudetrennwände, Brandwände, Trennwände | siehe 4.3 Niveau 1 | siehe 4.3 Niveau 2 | siehe 4.3 Niveau 3 |
| **4.3** | Anordnung und Verlauf trennender Bauteile | Prüfung der Bestandsplanung auf Übereinstimmung von Wandstellung und Wandqualitäten | Örtliche Prüfung der Wandstellung;<br>Prüfung der Brandschutzqualität für ausgewiesene Wandtypen (z.B. Massivbau, Trockenbau) | Örtliche Prüfung der Brandschutzqualitäten sämtlicher Wände |

| Nr. | Themen und Inhalte des Brandschutzkonzeptes | Niveau 1 „Prinzipielle Übereinstimmung“ | Niveau 2 „Systematisch-stichprobenartige Kontrolle“ | Niveau 3 „Baubegleitende Qualitätskontrolle“ |
|---|---|---|---|---|
| **4.4** | Anforderungen in der Detailausbildung der vorgenannten trennenden Bauteile | Einsichtnahme in Errichterbescheinigung und ggf. Eignungsnachweise sowie ggf. Prüfbericht zur statischen Berechnung | Örtliche Prüfung ausgewiesener Bauteiltypen, insbesondere bei Trockenbau im Abgleich mit Eignungsnachweisen und Errichterbescheinigungen hinsichtlich Konstruktion, Aufbau und Einbauten;<br>Sichtprüfung der Ausbildung von einzelnen Anschlüssen (Fußboden, Decke, Dach, Fassade) | Örtliche Prüfung oder kontinuierliche Kontrolle sämtlicher trennenden Bauteile im Abgleich mit Eignungsnachweisen;<br>(ggf. zerstörende) Prüfung sämtlicher Anschlüsse;<br>ggf. Probennahme;<br>Abgleich mit statischer Berechnung;<br>Einweisung des Unternehmers;<br>Mängelverfolgung |
| **4.5** | Brandausbreitung in vertikaler Richtung;<br>Decken, Fassaden, Öffnungen | Örtliche Prüfung etwaiger Veränderungen hinsichtlich Deckenöffnungen und Feuerüberschlag;<br>Einsichtnahme in Errichterbescheinigung mit Bezug auf Eignungsnachweise für Unterdecken im Zusammenhang mit Feuerwiderstandsdauer der Rohdecke | Örtliche Prüfung ausgewiesener Deckenund Fassadentypen hinsichtlich Feuerwiderstand, Baustoffklasse und Anschlusspunkte;<br>ggf. Einsichtnahme in besonderer Eignungsnachweise für Fassadenkonstruktionen;<br>Sichtprüfung der Unterdecken im Abgleich mit Eignungsnachweisen | Örtliche, ggf. zerstörende Prüfung oder kontinuierliche Kontrolle sämtlicher Decken- und Fassadenkonstruktionen sowie Anschlüsse;<br>Einweisung des Unternehmers;<br>Mängelverfolgung |

| Nr. | Themen und Inhalte des Brandschutzkonzeptes | Niveau 1 „Prinzipielle Übereinstimmung“ | Niveau 2 „Systematisch-stichprobenartige Kontrolle“ | Niveau 3 „Baubegleitende Qualitätskontrolle“ |
|---|---|---|---|---|
| **4.6** | Anforderungen an Verschlüsse und Verglasungen in trennenden Bauteilen (Türen, Rauch-, Feuerschutzvorhänge) | Einsichtnahme in Errichterbescheinigungen mit Bezug auf Eignungsnachweise hinsichtlich Feuerwiderstandsdauer, Einbaubedingungen und sonstige Brandschutzanforderungen | Örtliche Prüfung auf Basis in Listen ausgewiesener Typen von Türen und Verglasungen hinsichtlich Lage, Feuerwiderstand, Einbau, Dichtung, Schließung, Funktion und Kennzeichnung der Komponenten | Örtliche, ggf. zerstörende Prüfung oder kontinuierliche Kontrolle sämtlicher Verschlüsse und Verglasungen im Abgleich mit Eignungsnachweisen;<br>Einweisung des Unternehmers;<br>Mängelverfolgung |
| **4.7** | Feuerwiderstandsdauer der Bauteile | Einsichtnahme in Prüfberichte zur statischen Berechnung, ggf. Errichterbescheinigung auf Basis Eignungsnachweise (z.B. für Trockenbau-Konstruktion) | Örtliche Prüfung einzelner Bekleidungen oder Beschichtungen;<br>Einsichtnahme in Messprotokolle | Örtliche Prüfung oder kontinuierliche Kontrolle sämtlicher Bekleidungen und Beschichtungen;<br>ggf. Schichtdicken-Bemessung oder zerstörende Prüfung;<br>Einweisung des Unternehmers;<br>Mängelverfolgung |
| **4.8** | Anforderungen an Baustoffe, Bekleidungen, Dämmstoffe, Fugen. Dachaufbauten, Beläge | Einsichtnahme in Errichterbescheinigungen mit Bezug auf Eignungsnachweise | Örtliche Prüfung einzelner Bauteile im Abgleich mit Eignungsnachweisen | Örtliche Prüfung oder kontinuierliche Kontrolle sämtlicher Baustoffe etc. und Dachaufbauten im Abgleich mit Eignungsnachweisen;<br>ggf. Probennahme |

| Nr. | Themen und Inhalte des Brandschutzkonzeptes | Niveau 1 „Prinzipielle Überein-stimmung“ | Niveau 2 „Systematisch-stichproben-artige Kontrolle“ | Niveau 3 „Baubegleitende Qualitätskontrolle“ |
|---|---|---|---|---|
| **5. Flucht- und Rettungswege** | | | | |
| **5.1** | Grundsystem der Flucht- und Rettungswege;<br>Nachweis des 1. und 2. Rettungsweges für jede Nutzungseinheit;<br>ggf. Maßnahmen für besondere Personenkreise (u.a. Behinderte) | Planprüfung auf etwaige Veränderungen | Örtliche Prüfung im Abgleich mit Planung; Feststellung etwaiger Beeinträchtigung der Rettungswege | Plan- oder örtliche Prüfung zur Nutzbarkeit der Rettungswege im Abgleich mit Aspekten des Objektschutzes (z.B. Schließ-plan) |
| **5.2** | Maßliche Auswertung der Flucht- und Rettungswege;<br>Durchgangsbreiten, -höhen, Fluchtwegentfernungen (innerhalb und außerhalb des Gebäudes) | Planprüfung auf Einhaltung der Maße | Örtliche Prüfung einzelner Maße | Örtliche Prüfung relevanter Maße |
| **5.3** | Spezifische Anforderungen und Ausbildung der Komponenten der Rettungswege, wie Treppen, Treppenräume, Flure etc;<br>Ausstattung elektrischer Verriegelungen, Feststellanla-gen, automatische Schiebetüren etc. | Einsichtnahme in Errichter-erklärung oder Sachkundigen-prüfungen mit Bezug auf Eignungsnachweise | Örtliche Prüfung einzelner Bauteile im Abgleich mit Eignungsnachweisen;<br>Funktionsprobe von einzelnen Türen | Örtliche Prüfung und Funktions-probe sämtlicher Komponenten der Rettungswege |

| Nr. | Themen und Inhalte des Brandschutzkonzeptes | Niveau 1 „Prinzipielle Übereinstimmung“ | Niveau 2 „Systematisch-stichprobenartige Kontrolle“ | Niveau 3 „Baubegleitende Qualitätskontrolle“ |
|---|---|---|---|---|
| **5.4** | Kennzeichnung und (Sicherheits-) Beleuchtung;<br>ggf. Fluchtleitsystem | Einsichtnahme in Ergebnis der Prüfung technischer Sachverständiger;<br>Örtliche Prüfung auf prinzipielles Vorhandensein und Anordnung | Örtliche Prüfung und Abgleich mit Bestandsplanung | Örtliche Prüfung hinsichtlich Anordnung, Auswahl, Erkennbarkeit, Eignung der Kennzeichnung sowie Flucht- und Rettungswegpläne;<br>Mitwirken bei der Prüfung technischer Sachverständige;<br>Mängelverfolgung |
| **6. Höchstzulässige Nutzerzahl; nutzungsspezifische Gebäudeauslegung** | | | | |
| **6.1** | Analyse der vorgesehenen Nutzung im Hinblick auf das Auftreten größerer Personenzahlen | Prüfung der Betriebsbeschreibung auf etwaige Veränderungen | Ggf. Prüfung der Bestuhlungspläne im Abgleich mit den Vorgaben des Brandschutznachweises | wie Niveau 2 |
| **6.2** | Leistungsfähigkeit der Flucht- und Rettungswege oder ggf. sonstiger Kriterien mit maximalen Personenzahlen | wie 6.1 Niveau 1 | siehe 5.2 Niveau 2 | Örtliche Prüfung von Sammelplätzen hinsichtlich Anordnung und Eignung |
| **6.3** | Ggf. sonstige Rahmenbedingungen der Nutzung aufgrund des Brandschutznachweises (u.a. Lagerhöhe, Lagereinheiten bei Industriebauten; Ausschmückungen bei Versammlungsstätten) | Abfrage des Nutzers auf etwaige Veränderungen | Örtliche Prüfung auf Einhaltung der Rahmenbedingungen | Örtliche Prüfung der Nutzung auf exakte maßliche Einhaltung;<br>Örtliche Prüfung von Ausschmückungen, Dekorationen etc. im Abgleich mit Eignungsnachweisen |

| Nr. | Themen und Inhalte des Brandschutzkonzeptes | Niveau 1 „Prinzipielle Übereinstimmung“ | Niveau 2 „Systematisch-stichprobenartige Kontrolle“ | Niveau 3 „Baubegleitende Qualitätskontrolle“ |
|---|---|---|---|---|
| **7. Haustechnische Anlagen** | | | | |
| **7.1** | Einrichtungen und Anlagen zur haustechnischen Versorgung, Anordnung technischer Zentralen einschließlich Zuordnung versorgter Bereiche und ggf. Leistungskenndaten | Abgleich des grundsätzlichen haustechnischen Konzeptes mit den Angaben des Brandschutznachweises auf Veränderungen | wie Niveau 1 | Einsichtnahme in die Bestandsplanung Haustechnik |
| **7.2** | Anforderungen zu Schottungen innerhalb von trennenden Bauteilen (Elektroleitungen, Leerrohre, Stromschienen, Rohrleitungen, Kanäle, Sprinklerleitungen etc.) | Einsichtnahme Errichterbescheinigung mit Bezug auf Eignungsnachweise, ggf. in Ergebnisse der Prüfberichte technischer Sachverständiger | Sichtprüfung ausgewiesener Schottungstypen im Abgleich mit Eignungsnachweisen bzw. MLAR | Örtliche, ggf. zerstörende Prüfung oder kontinuierliche Kontrolle sämtlicher Schottungen im Abgleich mit Eignungsnachweisen;<br>Einweisung des Unternehmers;<br>Mängelverfolgung;<br>Aufstellung eines Schottung-Katasters einschl. Belegungsdichte |

| Nr. | Themen und Inhalte des Brandschutzkonzeptes | Niveau 1 „Prinzipielle Übereinstimmung“ | Niveau 2 „Systematisch-stichprobenartige Kontrolle“ | Niveau 3 „Baubegleitende Qualitätskontrolle“ |
|---|---|---|---|---|
| **7.3** | Anforderungen an Installationsschächte und -kanäle, Unterdecken und Doppelböden, ggf. in Abhängigkeit von deren Lage und Abmessungen, sowie brennbarer bzw. nichtbrennbarer Belegung | Einsichtnahme in Errichterbescheinigungen mit Bezug auf Eignungsnachweise | Örtliche Prüfung ausgewählter Bauteiltypen im Abgleich mit Eignungsnachweisen sowie eventueller Beeinträchtigungen durch Einbauten und Installationen (Abstände, Befestigungen) | Örtliche Prüfung und kontinuierliche Kontrolle sämtlicher Bauteile;<br>Einsichtnahme in statische Nachweise zur Befestigung;<br>Einweisung des Unternehmers;<br>Mängelverfolgung;<br>Ermittlung Brandlasten in Zwischendecken |
| **7.4** | Aufzüge mit Festlegung des Evakuierungsgeschosses, spezifischer Ansteuerung;<br>ggf. Feuerwehraufzug | Einsichtnahme in Ergebnis der Prüfberichte technischer Sachverständiger sowie Errichterbescheinigung mit Bezug auf Eignungsnachweise | Örtliche Prüfung einzelner Fahrschachttüren im Abgleich mit Eignungsnachweisen;<br>Einsichtnahme in Dokumentation zur Abstimmung/Abnahme durch Feuerwehr;<br>Prüfung ausreichender Kennzeichnung | Örtliche Prüfung sämtlicher Fahrschachttüren im Abgleich mit Eignungsnachweisen;<br>Mitwirken an Funktionsprobe oder Prüfung Feuerwehraufzug |
| **7.5** | Anforderungen an den äußeren und inneren Blitzschutz;<br>einzuhaltende Regelwerke | Einsichtnahme in Errichterbescheinigungen bzw. Sachkundigenprüfung | Örtliche Prüfung Blitzschutzmaßnahmen auf Vorhandensein | Mitwirken bei der Prüfung Blitzschutzmaßnahmen durch technischen Sachverständigen |

| Nr. | Themen und Inhalte des Brandschutzkonzeptes | Niveau 1 „Prinzipielle Übereinstimmung“ | Niveau 2 „Systematisch-stichprobenartige Kontrolle“ | Niveau 3 „Baubegleitende Qualitätskontrolle“ |
|---|---|---|---|---|
| **7.6** | Anforderung an Betriebsräume für allgemeine Stromversorgung AV, Verteiler in Treppenräumen und Fluren | Einsichtnahme in Ergebnis der Prüfberichte technischer Sachverständiger | Örtliche Prüfung der raumabschließenden Bauteile gemäß Ziffer 4.4/4.6/7.2 | Örtliche Prüfung hinsichtlich Lüftung und Kennzeichnung der Räume;<br>Prüfung der Schottungen gemäß Ziffer 7.2 |
| **7.7** | Feuerungsanlagen, Heizräume (z.B. Brennstofflagerung, Gasinstallation) | Einsichtnahme in Errichterbescheinigung bzw. Sachkundigenprüfung (Schornsteinfeger) | Örtliche Prüfung raumabschließender Bauteile gemäß Ziffer 4.4/4.6/7.2 | Örtliche Prüfung der Sicherheitseinrichtungen und deren Kennzeichnung |
| **8. Lüftungsanlage** | | | | |
| **8.1** | Umfang und Art von Lüftungsanlagen;<br>Standorte der Zentrale und versorgter Bereiche | Prüfung Lüftungsschema auf etwaige Veränderungen | Steuerfunktionen siehe Ziffer 14.3 | Prüfung Bestandsplanung Lüftung hinsichtlich brandschutztechnischer Anforderungen |
| **8.2** | Kanalführung und deren Brandschutzmaßnahmen (z.B. Brandschutzklappen, Leitungen mit Feuerwiderstand), auch in Abhängigkeit der verwendeten Baustoffe;<br>ggf. Küchenabluft, Sonderformen | Einsichtnahme in das Ergebnis der Prüfberichte technischer Sachverständige bzw. Fachunternehmererklärung/ Errichterbescheinigungen | Abstimmung mit technischem Sachverständigen zu einzelnen Brandschutzanforderungen<br>Einsichtnahme in Eignungsnachweise für Brandschutzklappen und Lüftungskanäle | Örtliche Prüfung oder kontinuierliche Kontrolle sämtlicher Brandschutzklappen und Lüftungsleitungen mit Feuerwiderstand;<br>Einweisung des Unternehmers;<br>Mängelverfolgung;<br>Mitwirken bei der Prüfung der Lüftung durch technische Sachverständige |

| Nr. | Themen und Inhalte des Brandschutzkonzeptes | Niveau 1 „Prinzipielle Übereinstimmung“ | Niveau 2 „Systematisch-stichprobenartige Kontrolle“ | Niveau 3 „Baubegleitende Qualitätskontrolle“ |
|---|---|---|---|---|
| **8.3** | Steuerung im Brandfall | Einsichtnahme in Ergebnis der Prüfberichte technischer Sachverständige/Sachkundiger | siehe Ziffer 14.3 | Mitwirken bei der Prüfung durch technische Sachverständige |
| **9. Rauch- und Wärmeabzug** | | | | |
| **9.1** | Prinzipielle Maßnahmen zur Entrauchung/Rauchableitung im Abgleich mit bauaufsichtlichen Vorschriften, z.B. für Treppenräume, Aufzüge, technische Räume | Prüfung auf prinzipielle Umsetzung und Abgleich etwaiger Veränderungen gegenüber den Angaben im Brandschutznachweis | siehe Ziffer 14.3 | Ggf. Abgleich mit Schnittstellen der Lüftungsplanung |
| **9.2** | Auslegung der Entrauchungsmaßnahmen mit Angabe der zugrunde gelegten Bemessungsvorschrift bzw. Brandszenario;<br>Querschnitt von natürlichen Entrauchungsmaßnahmen bzw. Volumenströme maschineller Entrauchung oder Differenzdrucksysteme | Einsichtnahme in Ergebnis der Prüfberichte technischer Sachverständiger/Sachkundiger | Örtliche Prüfung der wesentlichen Anlagenkomponenten im Abgleich mit dem Anlagenkonzept;<br>Einsichtnahme in Errichtererklärungen zu verwendeten Komponenten | Örtliche Prüfung von Querschnitten, Messung von Volumenströmen, ggf. Vorbereiten oder Mitwirken bei der Prüfung technischer Sachverständiger;<br>Einweisung des Unternehmers;<br>Mängelverfolgung |

| Nr. | Themen und Inhalte des Brandschutzkonzeptes | Niveau 1 „Prinzipielle Übereinstimmung“ | Niveau 2 „Systematisch-stichprobenartige Kontrolle“ | Niveau 3 „Baubegleitende Qualitätskontrolle“ |
|---|---|---|---|---|
| **9.3** | Spezifische Anforderungen an die Komponenten der Entrauchungsanlage, einzuhaltende Regelwerke, Anforderungsklassen für natürliche Rauchabzüge;<br>Temperaturstandfestigkeit von Brandgasventilatoren, Anforderungen an das Leitungs-Kanalnetz;<br>(Entrauchungs- und Jalousieklappen) | Einsichtnahme in Ergebnis der Prüfberichte technischer Sachverständiger/Sachkundiger | Örtliche Prüfung der Anlagenkomponenten im Abgleich mit dem Anlagenkonzept;<br>Einsichtnahme in Errichterbescheinigungen zu spezifischen Anforderungen | Örtliche Prüfung der Kennzeichnung der Komponenten mit spezifischen Anforderungen, Leistungsdaten;<br>Einweisung des Unternehmers;<br>Mängelverfolgung |
| **9.4** | Dimensionierung und Nachweis der ausreichenden Zuluftführung | Einsichtnahme in Ergebnis der Prüfberichte technischer Sachverständiger/Sachkundiger | Örtliche Sichtprüfung auf Vorhandensein und Einbau der Zuluftführung | Örtliche Prüfung von Funktion und Kennzeichnung |
| **9.5** | Auslösung und Steuerung | Einsichtnahme in Ergebnis der Prüfberichte technischer Sachver ständiger/Sachkundiger | Örtliche Prüfung im Abgleich Prüfung technischer Sachverständiger;<br>ggf. Einsichtnahme in die Dokumentation zur Abstimmung mit Feuerwehr;<br>Örtliche Prüfung der Kennzeichnung und Zugänglichkeit Auslösevorrichtungen | Mitwirken bei Funktionsprobe oder Prüfung durch technische Sachverständige;<br>Örtliche Prüfung der Kennzeichnung und Zugänglichkeit Auslösevorrichtungen |

| Nr. | Themen und Inhalte des Brandschutzkonzeptes | Niveau 1 „Prinzipielle Übereinstimmung“ | Niveau 2 „Systematisch-stichprobenartige Kontrolle“ | Niveau 3 „Baubegleitende Qualitätskontrolle“ |
|---|---|---|---|---|
| **10. Alarmierungseinrichtungen** | | | | |
| **10.1** | Erfordernis im bauordnungsrechtlichen Vorschriftenrahmen | Abgleich mit dem Brandschutznachweis auf etwaige Veränderungen | wie Niveau 1 | wie Niveau 1 |
| **10.2** | Alarmierungsbereiche, Art der Alarmierung (z.B. Signal, Sprachdurchsage, optisch);<br>ggf. Anordnung von Sprechstellen und Zuordnung von Sicherheitsklassen | Einsichtnahme in Ergebnis der Prüfberichte technischer Sachverständige/Sachkundiger | Teilnahme an Funktionsprobe | Mitwirken bei der Prüfung durch technische Sachverständige;<br>Mängelverfolgung;<br>Funktionsprobe, sofern verschiedene Alarmierungsbereiche festgelegt wurden |
| **11. Anlagen und Einrichtungen zur Brandbekämpfung** | | | | |
| **11.1** | Erfordernis zur Ausstattung mit Löschanlagen, Steigleitungen, Wandhydranten, Handfeuerlöschern und sonstigen Anlagen, Einrichtungen und Geräte;<br>Definition des Schutzumfangs | Abgleich mit dem Brandschutznachweis auf etwaige Veränderungen | Örtliche Prüfung besonderer Bereiche, wie Unterdecken und Doppelböden | wie Niveau 2 |
| **11.2** | Einzuhaltende technische Regelwerke für Wasser- oder Gaslöschanlagen, Schutzwert für Sprinkleranlagen;<br>Anforderung an trennende Bauteile | Einsichtnahme in Ergebnis Prüfberichte technischer Sachverständiger/Sachkundiger | Örtliche Prüfung der wesentlichen Anlagenkomponenten im Abgleich mit dem Anlagenkonzept | Mitwirken bei der Prüfung durch technische Sachverständige;<br>Mängelverfolgung;<br>Örtliche Prüfung der Kennzeichnung |

| Nr. | Themen und Inhalte des Brandschutzkonzeptes | Niveau 1 „Prinzipielle Übereinstimmung" | Niveau 2 „Systematisch-stichprobenartige Kontrolle" | Niveau 3 „Baubegleitende Qualitätskontrolle" |
|---|---|---|---|---|
| **11.3** | Standorte und Auslegung von Wandhydranten;<br>Steigleitungen | Einsichtnahme in Errichterbescheinigungen und Sachkundigenprüfungen;<br>stichpunktartige Sichtkontrolle | Örtliche Prüfung der Anordnung, Einbau und Kennzeichnung | Funktionsprobe,<br>Mängelverfolgung |
| **11.4** | Grundzüge zur Ausstattung von Handfeuerlöschern;<br>einzuhaltende Regelwerke | stichpunktartige Sichtkontrolle | Einsichtnahme in Errichterbescheinigungen | Örtliche Prüfung auf ordnungsgemäße Umsetzung |
| **11.5** | Ggf. erforderliche Sonderlöschmittel und Löschverfahren | Abgleich mit dem Brandschutznachweis auf etwaige Veränderungen | Örtliche Prüfung auf Vorhandensein | Örtliche Prüfung auf ordnungsgemäße Umsetzung |
| **12. Sicherheitsstromversorgung** | | | | |
| **12.1** | Zusammenstellung der Verbraucher, für die eine Sicherheitsstromversorgung vorgesehen ist und Angabe der jeweiligen Betriebsdauer;<br>u.a. Sicherheitsbeleuchtung | Einsichtnahme in Ergebnis Prüfberichte technischer Sachverständiger/Sachkundiger | wie Niveau 1 | Mitwirken bei der Funktionsprobe oder Prüfung durch technische Sachverständige;<br>Mängelverfolgung;<br>Örtliche Prüfung der Kennzeichnung von Sicherheitsleuchten |
| **12.2** | Anforderungen an Betriebsräume für Sicherheitsstromversorgung SV (z.B. Batterien oder Stromerzeugungsaggregate) | Einsichtnahme in Ergebnis Prüfberichte technischer Sachverständiger/Sachkundiger | Örtliche Prüfung Aufstellräume gemäß Ziffer 4.4/4.6/7.2 | Schottungen siehe Ziffer 7.2 |

| Nr. | Themen und Inhalte des Brandschutzkonzeptes | Niveau 1 „Prinzipielle Übereinstimmung“ | Niveau 2 „Systematisch-stichprobenartige Kontrolle“ | Niveau 3 „Baubegleitende Qualitätskontrolle“ |
|---|---|---|---|---|
| **12.3** | Funktionserhalt der elektrischen Leitungsanlagen (z.B. Verteiler) | Einsichtnahme in Errichterbescheinigungen mit Bezug auf Eignungsnachweise | Örtliche Prüfung einzelner Leitungsanlagen im Abgleich mit Eignungsnachweisen | Örtliche Prüfung oder kontinuierliche Kontrolle sämtlicher Leitungen im Abgleich mit Eignungsnachweisen |
| **13. Hydrantenpläne** | | | | |
| **13.1** | Klären der Erfordernis und ggf. grob maßstäbliche Übernahme der Angaben zur Löschwasserversorgung gemäß Kapitel 2 mit zeichnerischer Darstellung, geeigneterweise Lageplan | keine Prüfaufgabe | wie Niveau 1 | wie Niveau 1 |
| **14. Brandmeldeanlagen** | | | | |
| **14.1** | Überwachungsumfang erforderlicher manueller und automatischer Brandmelder, einzuhaltende Regelwerke, ggf. Betriebsart | Örtliche Prüfung auf Vorhandensein<br>Abgleich mit dem Brandschutznachweis auf etwaige Veränderungen | Örtliche Prüfung besonderer Bereiche, wie Unterdecken, Doppelböden | Mitwirken bei der Prüfung durch Sachverständige;<br>Mängelverfolgung;<br>Örtliche Prüfung der Melderkennzeichnung, Laufkarten, Revisionsunterlagen |
| **14.2** | Anordnung von Zentralen, ggf. Unterzentralen, Feuerwehrtableaus, Feuerwehrbedienfeld und Auslösestellen | Einsichtnahme in Ergebnis Prüfberichte technischer Sachverständiger;<br>Einsichtnahme in Aufschaltprotokoll/Abnahme der Feuerwehr | Örtliche Prüfung der Komponenten auf Vorhandensein und Kennzeichnung | Mitwirken bei der Prüfung durch technische Sachverständige;<br>Mängelverfolgung;<br>Mitwirken bei der Einweisung des Nutzers |

| Nr. | Themen und Inhalte des Brandschutzkonzeptes | Niveau 1 „Prinzipielle Übereinstimmung“ | Niveau 2 „Systematisch-stichprobenartige Kontrolle“ | Niveau 3 „Baubegleitende Qualitätskontrolle“ |
|---|---|---|---|---|
| **14.3** | Matrix-Grobkonzept in allgemeiner, beschreibender Form | Einsichtnahme in das Ergebnis der Prüfung technischer Sachverständiger | Mitwirken an Gesamtprüfung aller Steuerfunktionen vor Ort | Vorbereiten der Gesamtprüfung, Aufstellen eines Prüfplans |
| **14.4** | Feuerwehr-Kommunikationssysteme | Einsichtnahme in Dokumentation zur Funktionsfähigkeit/ Abnahme durch Feuerwehr | wie Niveau 1 | Mitwirken bei vorbereitenden Reichweitenmessungen während der Bauphase |
| **15. Feuerwehrpläne** | | | | |
| **15.1** | Erfordernis zur Aufstellung von Feuerwehrplänen im bauaufsichtlichen Bezugsrahmen des Objektes | Prüfung auf Vorhandensein | Einsichtnahme in Dokumentation zur Abstimmung/Abnahme durch Feuerwehr | Prüfung auf Vollständigkeit und Richtigkeit der Pläne |
| **15.2** | Spezifische Aspekte des Brandschutzkonzeptes, die in die Feuerwehrpläne zur Information der Einsatzkräfte übernommen werden sollten | Abgleich mit dem Brandschutznachweis auf etwaige Veränderungen | Prüfung der Umsetzung der spezifischen Aspekte | Mitwirken bei Übergabe oder Einweisung der Feuerwehr |
| **16. Betriebliche Maßnahmen zur Brandverhütung** | | | | |
| **16.1** | Erfordernis zur Benennung eines Brandschutzbeauftragten; für den Brandschutz und Selbsthilfekräfte sowie verantwortliche Person im bauordnungsrechtlichen Bezugsrahmen | Prüfung auf Vorhandensein | ggf. Abstimmung hinsichtlich betrieblicher-organisatorischer Maßnahmen | ggf. Abstimmung mit dem Brandschutzbeauftragten |

| Nr. | Themen und Inhalte des Brandschutzkonzeptes | Niveau 1 „Prinzipielle Übereinstimmung“ | Niveau 2 „Systematisch-stichprobenartige Kontrolle“ | Niveau 3 „Baubegleitende Qualitätskontrolle“ |
|---|---|---|---|---|
| **16.2** | Erfordernis zur Aufstellung einer Brandschutzordnung und deren Umfang;<br>spezifische Aspekte des Brandschutzkonzeptes, die in die Brandschutzordnung übernommen werden müssen | Prüfung auf Vorhandensein | wie Niveau 1 | Prüfung auf Umsetzung der spezifischen Aspekte |
| **16.3** | Erfordernis zur Erstellung von Flucht- und Rettungsplänen und ggf. Hinweise zu Inhalt und Anordnung | Prüfung auf Vorhandensein | Prüfung auf Umsetzung der spezifischen Aspekte | ggf. Abstimmung mit dem Brand schutzbeauftragten |
| **16.4** | Erfordernis und ggf. Anforderungen an Werkfeuerwehr, Betriebsfeuerwehr und Hausfeuerwehr | Prüfung auf Vorhandensein | Einsichtnahme in Anerkennungsunterlagen | ggf. Abstimmung mit dem Brandschutzbeauftragten |
| **16.5** | Maßnahmen zur Evakuierung oder Räumung des Gebäudes; Festlegung von Sammelplätzen | Prüfung auf Vorhandensein | Prüfung der Übernahme in Brandschutzordnung und Flucht- und Rettungsplänen | Überprüfung der Ausstattung;<br>ggf. Abstimmung mit dem Brandschutzbeauftragten |
| **16.6** | Wesentliche Maßnahmen zur Brandverhütung | Prüfung auf Vorhandensein | Prüfung auf Umsetzung der spezifischen Aspekte | ggf. Abstimmung mit dem Brandschutzbeauftragten |
| **16.7** | Objektspezifische Zusammenstellung des Prüfumfangs nach Prüf-VO | Abgleich mit dem Brandschutznachweis auf etwaige Veränderungen | Erstellung eines Statusberichts über die Ergebnisse der einzelnen Prüfberichte | Prüfung im Zusammenhang mit den vorstehenden Themen Nr. 9 bis 14 |

| Nr. | Themen und Inhalte des Brandschutzkonzeptes | Niveau 1 „Prinzipielle Übereinstimmung“ | Niveau 2 „Systematisch-stichprobenartige Kontrolle“ | Niveau 3 „Baubegleitende Qualitätskontrolle“ |
|---|---|---|---|---|
| **17. Abweichungen** | | | | |
| **17.1** | Vollständige Zusammenstellung im Abgleich mit den materiellen Anforderungen der Landesbauordnung oder den Vorschriften aufgrund der Landesbauordnung sowie der beabsichtigten ausgleichenden Maßnahmen | Abgleich im Hinblick auf etwaige Veränderungen | Dokumentation, dass die ausgleichenden Maßnahmen realisiert wurden | Prüfung im Zusammenhang mit den vorstehenden Themen |
| **17.2** | Erläuterung, wenn ausgleichende Maßnahmen nicht für erforderlich gehalten werden | Abgleich im Hinblick auf etwaige Veränderungen | Einsichtnahme in entsprechende Bestätigungen | Prüfung im Zusammenhang mit den vorstehenden Themen |
| **17.3** | Ggf. Hinweise auf notwendige Baulasten | Einsichtnahme in Dokumentation | wie Niveau 1 | wie Niveau 1 |
| **18. Verwendete Rechenverfahren** | | | | |
| **18.1** | Rechenverfahren, die im Rahmen der Risikoanalyse für den Brandschutznachweis oder einzelne Komponenten daraus verwendet wurden | Abgleich im Hinblick auf etwaige Veränderungen | Abgleich mit den Eingangswerten | Mitwirken bei Rauchversuchen zur Prüfung der Berechnung bzw. umgesetzten Maßnahmen |
| **18.2** | Nachweis von Anwendungsbereichen und Eignung der Rechenverfahren für die objektspezifische Geometrie, Brandszenarien etc. | wie 18.1 Niveau 1 | wie 18.1 Niveau 2 | wie 18.1 Niveau 3 |

Ausschuss der Verbände und Kammern
der Ingenieure und Architekten
für die Honorarordnung e.V.

## Der AHO – Tradition und gewachsene Kompetenz

Der AHO Ausschuss der Verbände und Kammern der Ingenieure und Architekten für die Honorarordnung e.V. ist der Zusammenschluss maßgeblicher Ingenieurverbände, der Länderingenieurkammern Deutschlands und einiger Architektenkammern und -verbände. Als Fachverband wahrt und vertritt er die Honorar- und Wettbewerbsinteressen von Ingenieuren und Architekten.

Die Facharbeit des AHO wird in themenbezogen zusammengestellten Arbeitsgremien von hochqualifizierten Ingenieuren und Architekten ehrenamtlich geleistet. Im Mittelpunkt stehen die Diskussionen von Grundsatzfragen zum Honorar- und Wettbewerbsrecht, die Weiterentwicklung der bestehenden Leistungsbilder der Verordnung über die Honorare für Architekten- und Ingenieurleistungen (Honorarordnung für Architekten und Ingenieure – HOAI) sowie die Erarbeitung neuer Leistungsbilder. Beratungsergebnisse aus den einzelnen Arbeitsgremien werden in der Schriftenreihe des AHO als Praxishilfe für Auftragnehmer und Auftraggeber veröffentlicht.

# Mitgliedsorganisationen im AHO

## Verbände

abv Arbeitskreis Beratende Ingenieure – Vermessung – im BDB Baden-Württemberg

BAB Berufsverband freischaffender Architekten und Bauingenieure e.V.

BDB Bund Deutscher Baumeister, Architekten und Ingenieure e.V.

BDG Berufsverband Deutscher Geowissenschaftler e.V.

BDK Bundesverband Deutscher Baukoordinatoren e.V.

BDVI Bund der Öffentlich bestellten Vermessungsingenieure e.V.

BVPI Bundesvereinigung der Prüfingenieure für Bautechnik e.V.

BVS Bundesverband öffentlich bestellter und vereidigter sowie qualifizierter Sachverständiger e.V.

DVP Deutscher Verband für Projektmanagement in der Bau- und Immobilienwirtschaft e.V.

IGVB Ingenieurverband Geoinformation und Vermessung Bayern e.V.

UBF Unabhängige Berater für Fassadentechnik e.V.

VBI Verband Beratender Ingenieure

VDI Verein Deutscher Ingenieure e.V.

VDR Verband der Restauratoren e.V.

VDV Verband Deutscher Vermessungsingenieure e.V.

VIV Verband der Ingenieurbüros für Verkehrstechnik e.V.

V.S.G.K. Verband der Sicherheits- und Gesundheitsschutzkoordinatoren Deutschlands e.V.

## Kammern

Architektenkammer Baden-Württemberg

Architektenkammer der Freien Hansestadt Bremen

Architektenkammer Sachsen

Architektenkammer Thüringen

Architekten- und Ingenieurkammer Schleswig-Holstein

Architekten- und Stadtplanerkammer Hessen

Baukammer Berlin

Bayerische Architektenkammer

Bayerische Ingenieurekammer-Bau

Brandenburgische Ingenieurkammer

Hamburgische Ingenieurkammer-Bau

Ingenieurkammer Baden-Württemberg

Ingenieurkammer-Bau Nordrhein-Westfalen

Ingenieurkammer der Freien Hansestadt Bremen

Ingenieurkammer des Saarlandes

Ingenieurkammer Hessen

Ingenieurkammer Mecklenburg-Vorpommern

Ingenieurkammer Niedersachsen

Ingenieurkammer Rheinland-Pfalz

Ingenieurkammer Sachsen

Ingenieurkammer Sachsen-Anhalt

Ingenieurkammer Thüringen

## Außerordentliche Mitglieder

BDA Bund Deutscher Architektinnen und Architekten

bdia bund deutscher innenarchitekten e.V.

bdla Bund Deutscher Landschaftsarchitekten

SRL Vereinigung für Stadt-, Regional- und Landesplanung e.V.

VFA Vereinigung Freischaffender Architekten Deutschlands e.V.

Ausschuss der Verbände und Kammern
der Ingenieure und Architekten
für die Honorarordnung e.V.

## Veröffentlichungen in der Schriftenreihe des AHO

Alle Hefte der AHO-Schriftenreihe verstehen sich als unverbindliche Praxishilfen und dienen zur Honorarorientierung.

Die bisher erschienenen Hefte können – sofern nichts anderes angegeben ist – beim AHO direkt bezogen werden. Ihre Bestellung können Sie online unter www.aho.de/schriftenreihe oder per E-Mail unter schriftenreihe@aho.de aufgeben.

Alle Hefte werden kartoniert im Format 16,5 x 24,4 cm veröffentlicht. Alle angegebenen Preise sind Bruttopreise inkl. gesetzl. MwSt. zzgl. Versandkosten.

Nr. 1 **HOAI – Planen und Bauen im Bestand**
**Arbeitshilfen zur Bestimmung der anrechenbaren Kosten aus mitzuverarbeitender Bausubstanz und des Zuschlags für Umbauten und Modernisierungen**
ISBN 978-3-8462-0990-5, 2., vollständig überarbeitete und erweiterte Auflage 2018, 200 Seiten, 32,80 €

Nr. 2 **Örtliche Bauüberwachung bei Ingenieurbauwerken und Verkehrsanlagen – Leistungsbild und Honorierung**
ISBN 978-3-8462-0431-3, 2014, 36 Seiten, 14,80 €

Nr. 3 **HOAI – Besondere Leistungen bei der Tragwerksplanung und Erläuterungen zu den Grundleistungen** – Besondere Leistungen zur HOAI 2021 Teil 4 Abschnitt 1, § 51 mit Anlage 14
ISBN 978-3-8462-1355-1, 6., vollständig überarbeitete und erweiterte Auflage 2021, 112 Seiten, 32,80 €

Nr. 4 **HOAI – Besondere Leistungen bei der Planung von Objekten der Wasser- und Abfallwirtschaft nach Teil 3 Abschnitt 3, § 41 HOAI 2013**
ISBN 978-3-8462-0824-3, 3. vollständig überarbeitete Auflage 2017, 52 Seiten, 16,80 €

Nr. 5 **HOAI – Verkehrsplanerische Leistungen – Leistungsbeschreibung mit Honorarvorschlag**
ISBN 978-3-8462-0768-0, 2. vollständig überarbeitete Auflage 2018, 80 Seiten, 24,80 €

Nr. 6 **HOAI – Besondere Leistungen bei der Planung von Anlagen der Technischen Ausrüstung nach Teil 4 Abschnitt 2, Anlage 15, Nr. 15.1 HOAI 2013**
ISBN 978-3-8462-0317-0, 3. vollständig überarbeitete Auflage 2014, 64 Seiten, 14,80 €

Nr. 7 **HOAI – Besondere Leistungen bei der Planung von Ingenieurbauwerken nach Teil 3 Abschnitt 3, § 41 Nr. 6 (konstruktive Ingenieurbauwerke für Verkehrsanlagen) und Nr. 7 (sonstige Einzelbauwerke, ausgenommen Gebäude und Freileitungsmaste) HOAI 2013**
ISBN 978-3-8462-0436-8, 2. vollständig überarbeitete Auflage 2015, 52 Seiten, 14,80 €

Ausschuss der Verbände und Kammern
der Ingenieure und Architekten
für die Honorarordnung e.V.

Nr. 8 **Untersuchungen zum Leistungsbild und zur Honorierung für den Planungsbereich „Altlasten"**
ISBN 978-3-89817-914-0, 2. vollständig überarbeitete Auflage 2010, 76 Seiten, 21,80 €

Nr. 9 **Projektmanagement in der Bau- und Immobilienwirtschaft – Standards für Leistungen und Vergütung**
ISBN 978-3-8462-1120-5, 5., vollständig überarbeitete und erweiterte Auflage 2020, 246 Seiten, 41,80 €

Nr. 10 **GIS-Dienstleistungen – Leistungsphasen nach Fachthemen mit Honorarzonen und Honorartafeln**
ISBN 978-3-8462-1434-3, 2., vollständig überarbeitete und erweiterte Auflage 2022, 112 Seiten, 24,80 €

Nr. 11 **Leistungen Building Information Modeling – Die BIM-Methode im Planungsprozess der HOAI**
ISBN 978-3-8462-1002-4, 2019, 80 Seiten, 24,80 €

Nr. 12 **HOAI – Arbeitshilfen zur Vereinbarung von Ingenieurverträgen für die Bearbeitung von Generalentwässerungsplänen (GEP)**
ISBN 978-3-8462-0437-5, 2. vollständig überarbeitete und erweiterte Auflage 2014, 64 Seiten, 14,80 €

Nr. 13 **HVA F-StB – Handbuch für die Vergabe und Ausführung von freiberuflichen Leistungen im Straßen- und Brückenbau –, Stand April 2019 mit Teilausgabe April und Juli 2019 – Entwurf zur Fortschreibung des HVA F-StB, Ausgabe 2021 – Benutzerhinweise des AHO**
ISBN 978-3-8462-1368-1, 2., vollständig überarbeitete Auflage 2021, 144 Seiten, 32,80 €

Nr. 14 **HOAI – Tafelfortschreibung Erweiterte Honorartabellen (§§ 20.1, 21.1, 28.1, 29.1, 30.1, 31.1, 32.1, 35.1, 40.1, 44.1, 48.1, 52.1, 56.1, Anlage 1, Nr. 1.1 und 1.2)**
ISBN 978-3-8462-0710-9, 3. vollständig überarbeitete und erweiterte Auflage 2016, 60 Seiten, 21,80 €

Nr. 15 **Leistungen nach der Baustellenverordnung – Leistungsbild und Honorierung**
ISBN 978-3-8462-1401-5, 3., vollständig überarbeitete Auflage 2022, 60 Seiten, 16,80 €

Nr. 16 **Untersuchungen zum Leistungsbild und zur Honorierung für das Facility Management Consulting**
ISBN 978-3-89817-841-9, 4. vollständig überarbeitete und erweiterte Auflage 2010, 128 Seiten, 28,80 €

Nr. 17 **Leistungen für den bauordnungsrechtlichen Brandschutz – Leistungsbild und Honorierung**
ISBN 978-3-8462-1477-0, 4., vollständig überarbeitete und erweiterte Auflage 2022, 92 Seiten, 24,80 €

Nr. 18 **Planungsbereich „Baufeldfreimachung / Rückbau" – Leistungsbild und Honorierung**
ISBN 978-3-8462-0234-0, 2. vollständig überarbeitete Auflage 2014, 64 Seiten, 14,80 €